골퍼의 꿈, 싱글 그 이상의 가치를 위해
살아 있는 골프 전설들의 귀중한 조언을 담아 드립니다.

________________께

________________드림

싱글로 가는 골프 클래식 100

100 Classic Golf Tips

싱글로 가는 골프 클래식 100

크리스토퍼 오베츠 편저
앤서니 라비엘리 그림
설정덕(SBS골프 해설위원) 옮김

살림Life

Conte

nts

　나는 스탠포드를 졸업하자마자 곧바로 PGA 골프 투어에 참가했다. 오랜 시간 세계 곳곳의 골프장을 거닐며 잘 설계된 코스와 경관 그리고 자연의 조화에서 나온 무한한 아름다움을 경험하는 기쁨을 누렸다. 위대한 골프 선수들이 만들어낸 감동과 실패의 순간을 동시에 목격했다. 골프가 아니었으면 만나지 못했을 수많은 친구들을 만나게 되었으며, 그린 안과 밖에서 그들의 재능을 목격할 수 있었다.

　그 수많은 만남 중에서도 앤서니 라비엘리와의 만남은 내 생애에서 아주 특별했다. 그는 알 굵은 안경을 쓰고 격자무늬 셔츠를 걸친 체구가 작은 사나이였다. 친구들에게 토니Tony라 불렸던 그는 나의 절친한 친구이자 미술 부분의 조력자가 되었다. 1982년 페블 비치Pebble Beach에서 열린 US 오픈에서 우승하고 『40야드 오르막 내리막 스윙을 살리는 방법』을 집필하기 위해 팀을 구성해야 했을 때, 일러스트를 맡기기 위해 찾아갔던 사람은 두말할 것도 없이 바로 앤서니 라비엘리였다.

　아이러니하게도, 전설적인 골프 교습서인 『다섯 가지 레슨: 현대 골프의 기초』가 출판된 지 50년이 지났다. 벤 호건이 스윙을 분석해 집필하고 그림으로 펴내기로 결정했을 때 그는 토니를 찾았다고 한다. 호건은 완벽주의자였으며 정도를 벗어나는 법이 없었다. 「골프 다이제스트Golf Digest」와 「스포츠 일러스트레이티드Sports Illustrated」에서 토니의 작품을 인정한 호건은 허버트 워랜 윈드Herbert Warren Wind의 글을 추가해 완벽한 지침서를 만들어냈고, 이 책은 얼마 되지 않아 역대 최고로 주목받는 일러스트 골프 교습서가 되었다.

토니는 독보적인 해부학 지식을 통해 스윙 자세의 모양을 잡아낼 수 있었고, 그것을 독자가 익힐 수 있도록 명료하면서도 쉽게 따라할 수 있는 완벽한 일러스트로 그려냈다. 내가 닉 세이츠Nick Seitz와 함께 티에서 그린, 러프에서 벙커에 이르기까지 그간 익혔던 내용을 책으로 만들게 되었을 때에도 우리는 토니를 선택했다.

1980년대 초반에서 1990년대 중반에 이르기까지 15년 동안 그와 함께 일하면서 나는 토니의 작품과 안경 뒤편의 본모습에 대해 잘 알게 되었다. 지치지 않는 예술가이자 세밀함에 관한 한 누구도 따를 수 없을 만큼 완벽을 추구하는 사람, 토니는 자신의 일러스트 하나, 하나에 최선을 다했다. 크리스토퍼가 내게 이 책에 대한 추천사를 부탁했을 때 다시 한 번 기꺼운 마음이 되었다. 라비엘리가 창조한 또 하나의 골프 금고가 열려 모두가 즐기고 배울 수 있다는 것을 알게 되었기 때문이다.

40여 년간 그려온 스케치북에서만 볼 수 있었던 골프 신화의 일러스트가 되살아난다. 그리고 「골프 다이제스트」에 수록되었던 전설적인 프로 골퍼와 교습가들의 영원한 지혜와 짝을 이룬다는 것은 정말 이상적인 조합이 아닐 수 없다. 기술이 타깃과의 거리를 줄여주고 샷의 불완전함을 보완해준다 할지라도, 좋은 골퍼가 되는 데 있어 연습만큼 좋은 방법은 없다.

스윙을 향상시키고 각 샷의 형태를 이해하는 것은 필수다. 이 책에서 라비엘리의 일러스트는 스윙과 샷, 그 밖의 동작 각각에 대한 '클래식' 한 기본을 보여준다. 각 일러스트에 덧붙여진 전설적인 골퍼들의 설명은 간단명료해서, 내가 즐겨 쓰는 말 그대로 '기본적' basic이라 하겠다. 글과 어우러진 그림이 함께 골프의 비밀을 벗겨줄 것이며 수년 동안의 연습 끝에 찾아오는 성공을 열어줄 것이다.

토니를 잘 알며 그와 함께 일했던 우리 모두는 그의 재능과 일러스트의 세밀함에 진심으로 감사하고 있다. 그는 뛰어난 예술가일 뿐만 아니라, 그가 가진 열정과 선의는 그와 일하는 모든 이를 친구로 만들었다.

토니, 우리 모두는 당신이 그리울 겁니다.

어디에서나 최고가 되기를 기원하며,

톰 왓슨Tom Watson

100 TIPS

1. Grip

그립

01 퍼팅 시 그립 쥐기

퍼팅의 안정성을 강화하는 법

퍼팅 스트로크 시 퍼터 그립은 손바닥의 생명선과 일치하도록 감싸 쥔다. 여기서 샤프트shaft는 오른 팔과 동일 평면상에 놓는데, 이렇게 해야 올바른 스윙이 나온다. 나는 퍼팅을 할 때 리버스 오버랩 그립reverse-overlap grip 방식을 사용한다. 리버스 오버랩 그립은 왼손 검지를 오른손 위에 놓고, 샤프트의 방향을 따라 오른손 구부린 손가락 관절까지 뻗어 감싸 쥐는 방법이다. 이 방법으로 퍼팅 그립을 쥐면 양손과 그립 사이에 적당한 공간이 있는 것처럼 느껴진다.

스탠 어틀리*Stan Utley*

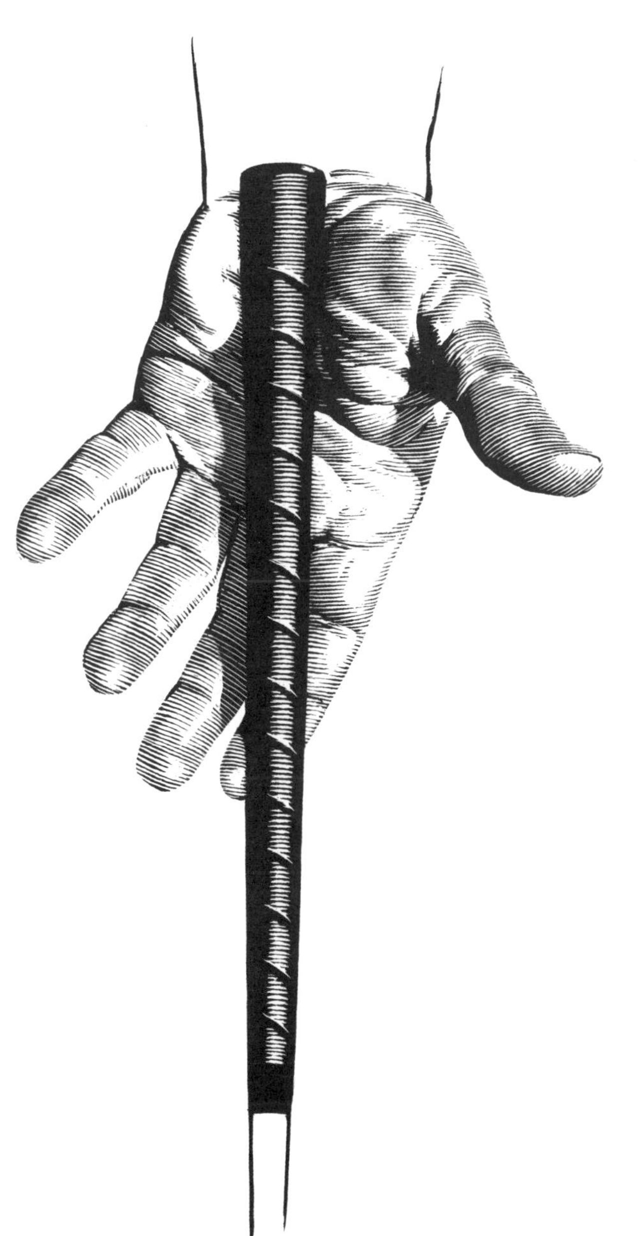

02 그립 형태 확인하기

스트롱, 위크, 뉴트럴, 그립을 잡는 공통된 원칙

훌륭한 선수 중에는 스트롱 그립strong grip을 쓰는 선수가 있는가 하면 위크 그립weak grip을 이용하는 선수도 있다. 타이거 우즈는 스트롱과 위크의 중간인 뉴트럴 그립neutral grip 방식을 이용한다. 하지만 쥐는 형태와 상관없이 좋은 그립 방식에는 공통된 원칙이 있다. 클럽을 쥘 때 양 손바닥을 마주보도록 해야 한다는 것이다. 양손의 힘은 균등해야 하며 어느 한 손에 더 강한 힘을 줘서는 안 된다.

위크 그립을 사용할 때에는 장갑의 손등 부위가 거의 가려질 정도로 왼손을 비틀어준다. 이렇게 하면 어드레스address를 할 때 손이 약간 위로 뜨게 된다. 스윙의 탑top 단계에서는 왼쪽 손목이 쭉 펴져서 팔꿈치와 일직선을 이루어야 한다.

스트롱 그립을 사용할 때에는 손등이 거의 다 보여야 한다. 이렇게 하면 어드레스를 할 때 양손이 약간 아래로 처진다. 탑 단계에서는 왼쪽 손목을 약간 굽혀 클럽페이스clubface와 왼팔이 수평을 이루어야 한다. 이것이 바로 안정을 유지하는 열쇠다.

부치 하먼*Butch Harmon*

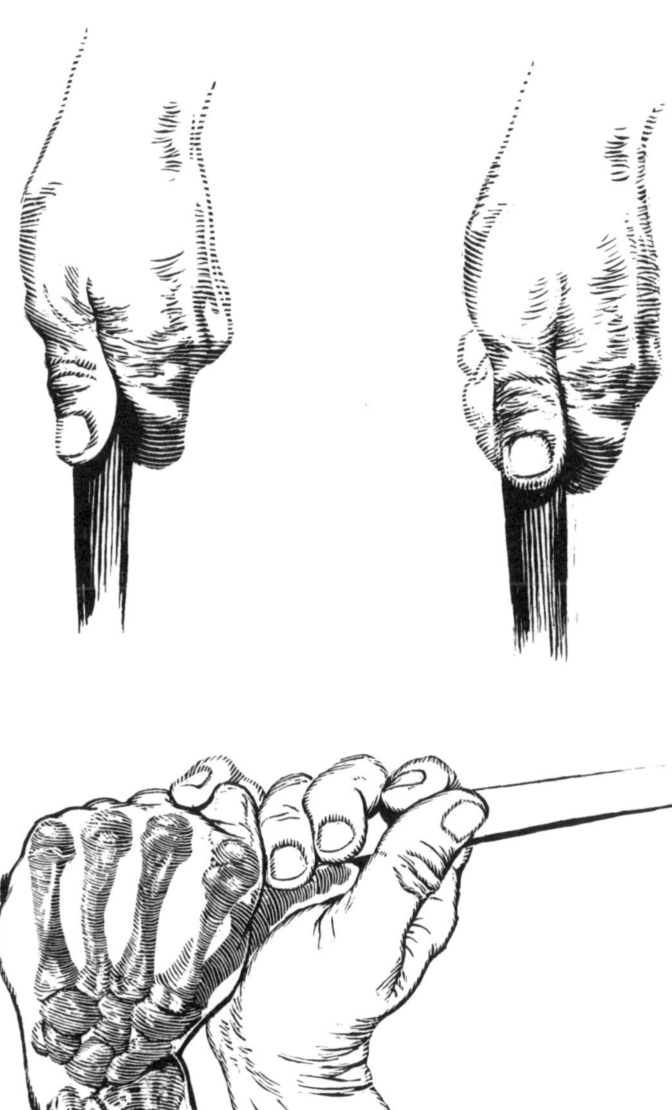

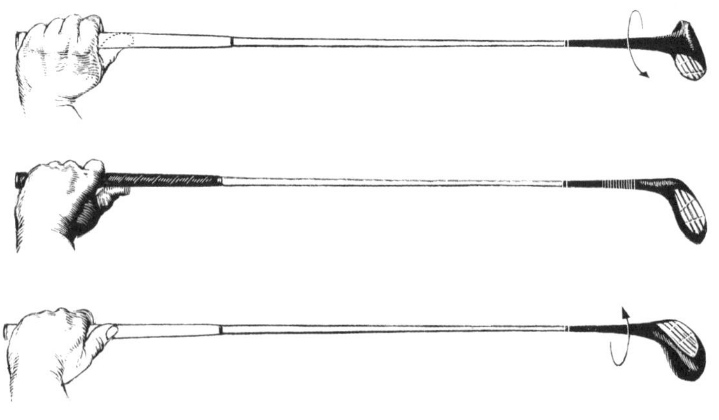

03 손목의 자세 잡기

안으로, 밖으로, 평평하게
백스윙 탑에서 클럽페이스의 위치를 확인하는 방법

나는 클럽페이스가 '스퀘어square'를 이뤘다고 확신했을 때 최상의 플레이를 했다. 내 왼손과 손목, 팔꿈치가 일직선을 이루게 하고 클럽페이스의 중앙은 수평과 수직의 중간에 놓는다. 나는 보통 '오픈' 포지션open position에서 상당히 유리한 플레이를 할 수 있었다. 오픈 포지션을 위해서는 왼 손목을 손등에서 보았을 때 오목하게 약간 굽혀(코킹) 클럽페이스가 수평보다 수직에 가깝게 한다. 백스윙 탑top of the backswing 에서는 손목을 손등에서 볼 때 볼록하게 굽혀주어 '클로즈close' 시킴으로써 클럽페이스가 위를 향하도록 했다. 나는 이 방법을 이용해 필드를 공략할 수 있었고 때로는 필드를 장악하기도 했다.

잭 니클라우스 Jack Nicklaus

04 퍼팅에서 손가락 뻗기

스트로크stroke 향상을 위한 간단한 비법

오른손 검지를 퍼터putter의 샤프트에 뻗어 그립을 잡는다. 이 방법을 최초로 개발한 것이 나인지 확신할 수 없다. 하지만 나는 이 그립 방식을 통해 퍼팅 스트로크를 상당히 향상시킬 수 있었으며 보다 나은 효과(유능감)를 얻게 되었다. 나는 일반적인 스윙 때와 마찬가지로 인터로킹 그립inter-locking grip 방식을 사용하는데, 퍼팅에서는 검지를 뻗어준다.

낸시 로페즈Nancy Lopez

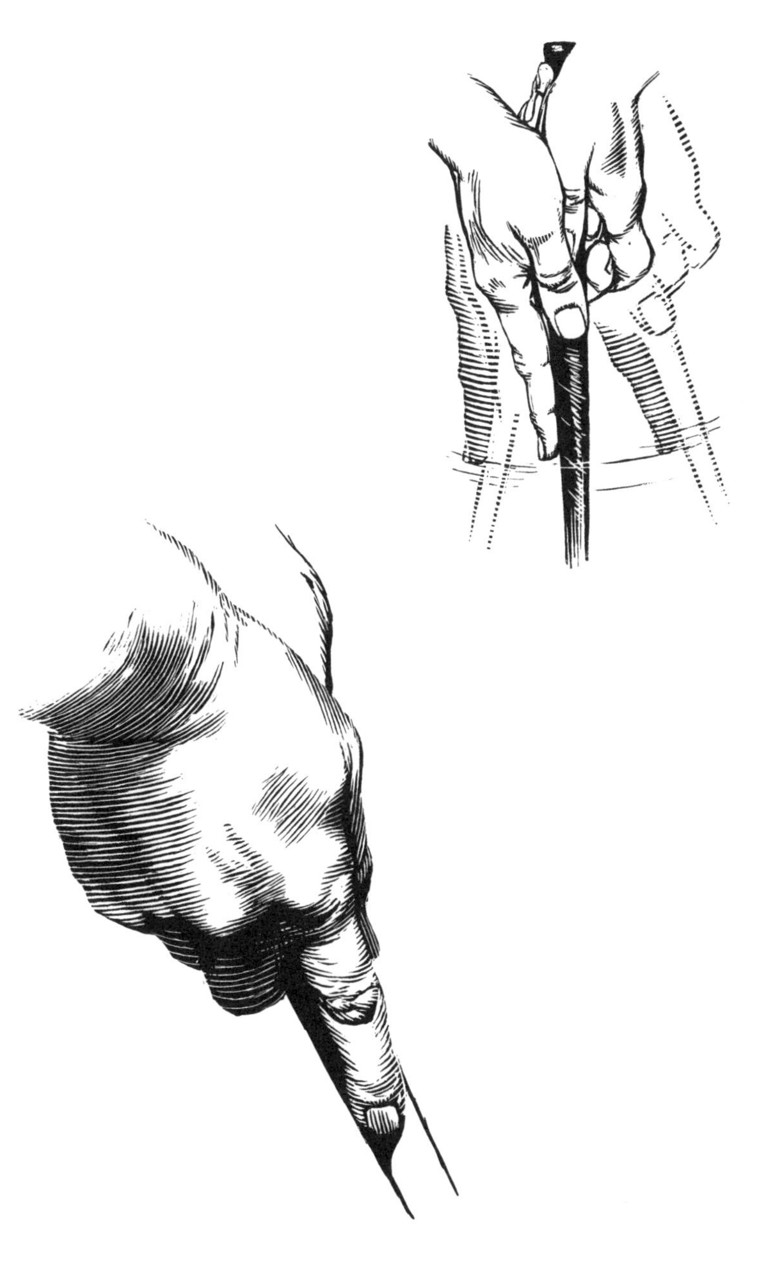

05 양 손바닥 정렬하기

스윙을 하는 동안 양손을 올바르게 쥐는 방법

양손을 제대로 위치시키는 것은 대부분의 골퍼가 느끼는 것보다 훨씬 중요하다. 심지어는 상급 골퍼들이 터득한 것보다도 훨씬 중요하다. 그립을 잡을 때 두 손이 제대로 놓여 있는지 확인하자. 양 손바닥은 서로 비스듬히 혹은 정면으로 바라보며, 오른쪽 손바닥은 대략 클럽페이스와 같은 방향을 향해야 한다.

바이런 넬슨*Byron Nelson*

06 드로우 샷을 위한 스트롱 그립 쥐기

보다 강한 파워를 내는 간단한 방법

대부분의 여성 골퍼들은 자칫 커트 샷을 치기 쉽다. 이 경우, 강력한 그립 방식으로 바꾸는 것에 주저하지 말아야 한다. 먼저 왼손은 샤프트의 최상단에 제대로 올려놓는다. 이때, 시야에 주먹 관절 3개 정도가 보여야 한다. 엄지손가락은 그립의 오른편에 놓는다. 그런 다음 샤프트를 양 손바닥과 손가락에 힘을 줘 단단히 고정시킨다. 클럽이 손바닥 깊숙이 자리 잡혀 실제로 손가락이 이를 쥐어 자연스럽게 컨트롤하고 있다는 느낌이 들어야 한다.

존 제이콥스*John Jacobs*

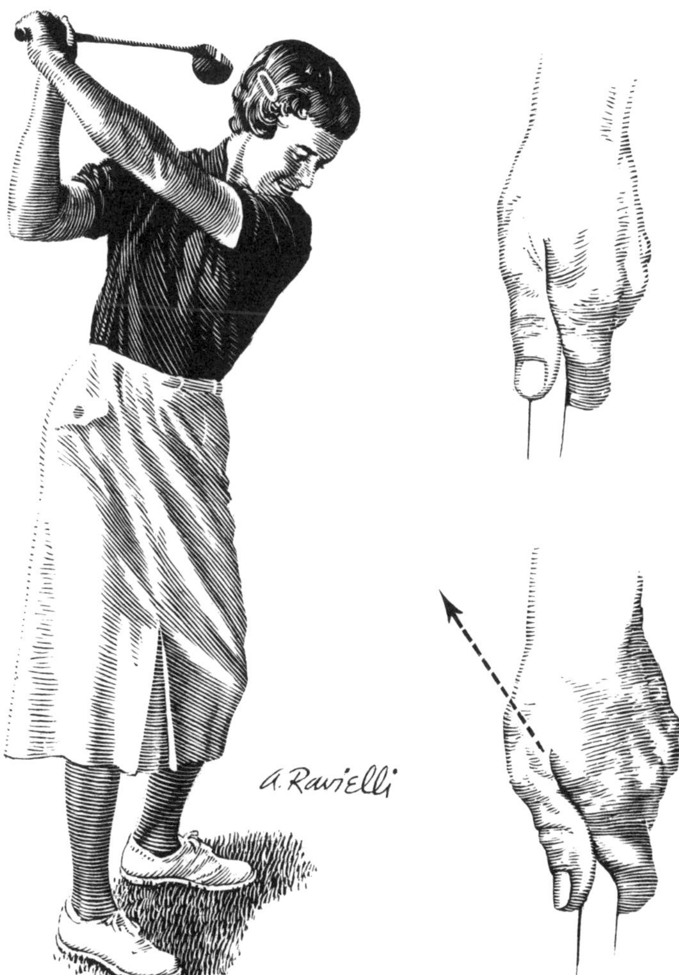

A. Ravielli

07 베이스볼 그립 쥐기

긴장 없는 스윙을 도와주는 열 손가락의 비밀

내가 생각하기에 일반 골퍼들이 바든 그립Vardon grip, 혹은 오버래핑 그립overlapping grip을 잘 쥐지 못하는 직접적인 원인은 바로 긴장이다. 나는 대다수의 골퍼들이 베이스볼 그립baseball grip을 통해 보다 곧고 멀리 쳐낼 수 있을 것이라 믿는다. 왼손을 그립에 올려놓을 때 엄지를 살짝 샤프트의 오른쪽에 내려놓는다. 여기까지는 바든 그립과 같은 방법이다. 오른손은 손가락 전부로 클럽을 잡는다. 이때 오른손등과 엄지가 만드는 'V' 자 모양은 오른쪽 어깨를 가리키도록 한다. 핸디캡이 있는 일반 골퍼라면 이 방법이 근육을 긴장시키지 않고 그립을 잡는 데 도움이 될 것이다.

자니 레볼타 *Johnny Revolta*

G. Ravielli

08 왼손 손가락으로 그립 잡기

양손을 잘 쥐어 좋은 그립감을 주는 법

왼손 그립^{left-hand grip}을 잡을 때에는 먼저 클럽을 왼쪽 넓적다리 바깥쪽에 위치시킨다. 그 다음 어깨에서 왼팔을 자연스럽게 늘어뜨린다. 이때 왼팔을 보면 약간 안쪽으로 굽혀져 있지 않은가? 이것이 자연스럽게 늘어뜨린 결과다. 이제 왼손을 클럽에 갖다 댄다. 오른손은 샷을 날리기 위한 준비 과정에서 클럽을 몸 앞으로 내밀 때 살짝 포개주면 된다.

그립을 잡을 때 이 방법을 사용하면 손가락의 가운데에 클럽을 놓는 것이 쉬워진다. 또한 오른쪽, 왼쪽으로 심하게 회전시키지 않는 뉴트럴 왼손 그립^{neutral left-hand grip}을 자동적으로 잡게 된다. 이 과정에 익숙해지게 되면, 앞으로 그립을 잡을 때 한 가지 고민을 덜게 된다.

부치 하먼

09 왼손 엄지 포개기

양손이 서로 완벽히 들어맞도록 하는 법

양손이 그립을 제대로 잡으려면, 마치 두 개의 나무 조각을 끼워 맞추는 것처럼 왼손 엄지가 오른손 손바닥 밑으로 들어간다고 생각하자. 먼저, 왼손으로 클럽을 잡고 왼손 엄지는 그립의 정상을 향하도록 위치시킨다. 그 다음, 오른손은 클럽의 아랫면, 즉 왼손의 반대편에 놓는다. 이때 오른손은 약지의 첫 번째 마디부터 검지까지 샤프트의 방향에 대해 대각선이 되도록 비스듬히 기울여 위치시킨다. 마지막으로 감싸 쥔 오른손 손바닥의 움푹 들어간 틈에 나무의 조각을 맞추듯이 왼손 엄지를 끼워 맞춤으로써 그립을 완성한다.

데이비드 리드베터*David Leadbetter*

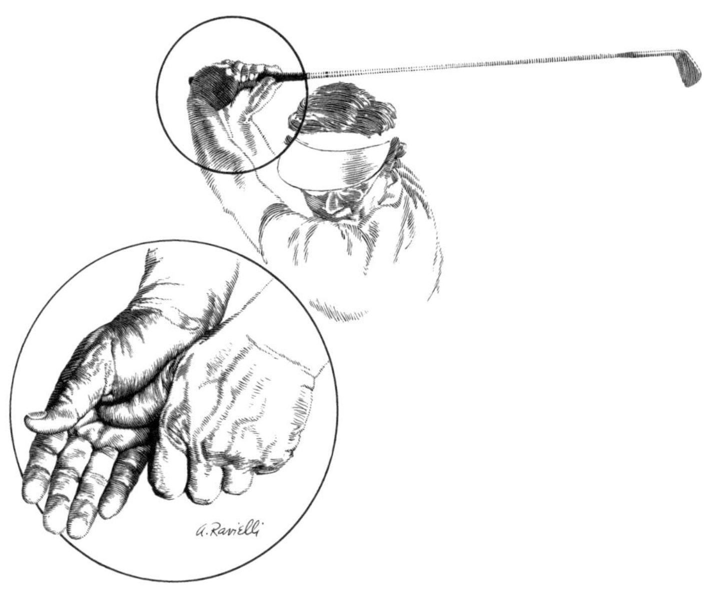

2.

셋업

2. Setu

셋업

10 볼과 몸 사이의 적당한 간격

각각의 클럽에 맞게 셋업하는 방법

어드레스 시 볼에 너무 가까이 서 있다면, 당신의 스윙은 장작을 패는 데에나 어울리지 정확성과는 거리가 멀다. 그렇다고 공에서 너무 멀리 떨어지면 밸런스에 끊임없이 문제가 발생하며 이를 상실하기 쉽다.

우선 긴장을 풀고 똑바로 서자. 특히 어깨의 긴장을 풀어야 한다. 그리고 팔이 편할 정도의 거리로 클럽을 쭉 뻗는다. 무릎을 살짝 굽혀주고 적당히 엉덩이를 뒤로 뺀다. 고개를 들어 턱이 가슴에 닫지 않고 편안하도록 한다. 마지막으로 등을 구부리거나, 팔을 늘어뜨리지 않고 엉덩이로부터 일직선이 되도록 허리를 숙여보자. 이렇게 하면 어떤 종류의 클럽을 사용하더라도 볼로부터 적당한 몸과의 간격을 유지하게 된다.

잭 니클라우스

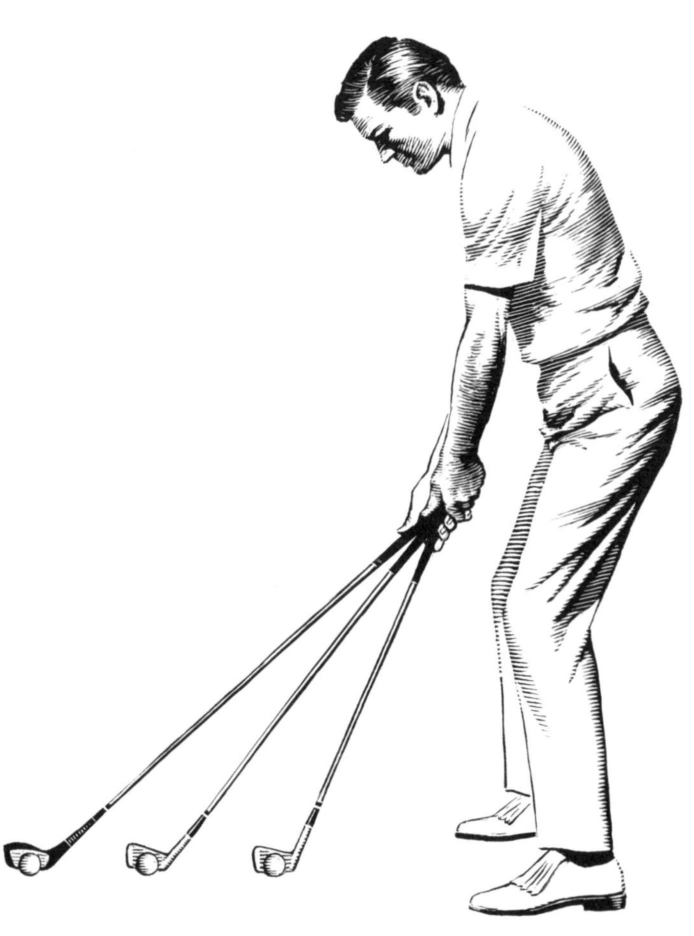

11 잭 니클라우스의 볼 포지셔닝

클럽에 따른 어드레스 자세

드라이버를 잡을 때면, 잭 니클라우스는 양손이 볼과 일직선이 되도록 놓기를 선호한다. 머리는 적당히 뒤로 한다. 이러한 자세는 클럽헤드가 티 위의 볼에 대해 살짝 위를 향하도록 도와준다. 스탠스는 어깨보다 약간 넓게 한다. 5번 아이언을 잡을 때 양손은 상대적으로 왼발과 같은 위치에 둔다. 그는 상반신을 약간 뒤로 기울임으로써 살짝 디벗*을 만드는 것을 선호한다. 웨지 샷^{wedge shot}의 경우 양손은 상대적으로 그의 왼쪽 넓적다리 옆에 위치시킨다. 하지만 스탠스의 간격은 좁힌다.

짐 플릭Jim Flick

---

* 디벗divot : 타구 때 클럽에 의해 뜯겨진 잔디 조각이나 잔디나 땅이 파인 자리.

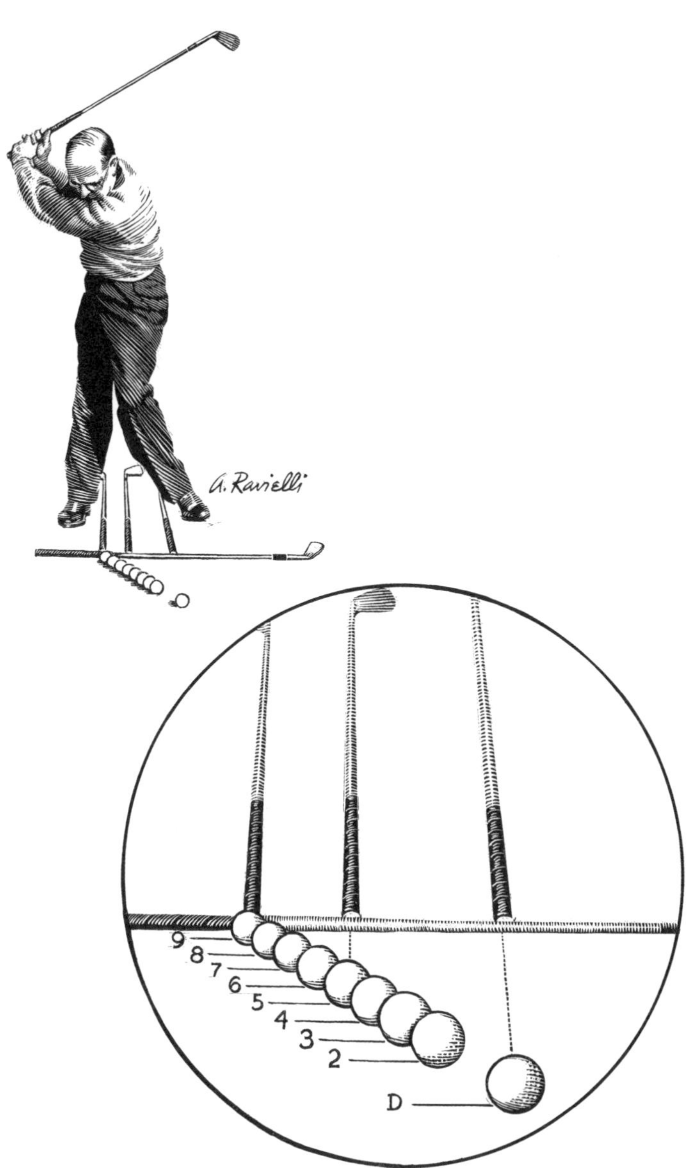
A. Ravielli
9
8
7
6
5
4
3
2
D

12 페어웨이 우드 손쉽게 다루기

아이언 샷에 필요한 다운스윙* VS. 드라이브 스윙**

페어웨이 우드fairway woods는 볼에 대해 하강하는 각도로 스윙한다는 점에서 퍼터와 드라이버를 제외한 나머지 클럽들과 사용 방법이 같다. 간단히 설명하자면, 볼을 띄우기 위해 아래로 내려치는 것이다. 너무나 많은 플레이어들이 이를 정반대의 방법으로 시도한다. 다시 말해 티 위의 볼을 드라이버로 스윙하듯이 페어웨이 우드를 사용해 스윙하곤 한다.

톰 카이트*Tom Kite*

* 다운스윙down swing : 볼을 향해 아래로 떨어뜨리는 스윙.
** 드라이브 스윙drive swing : 활주로를 이륙하는 것처럼 치는 스윙.

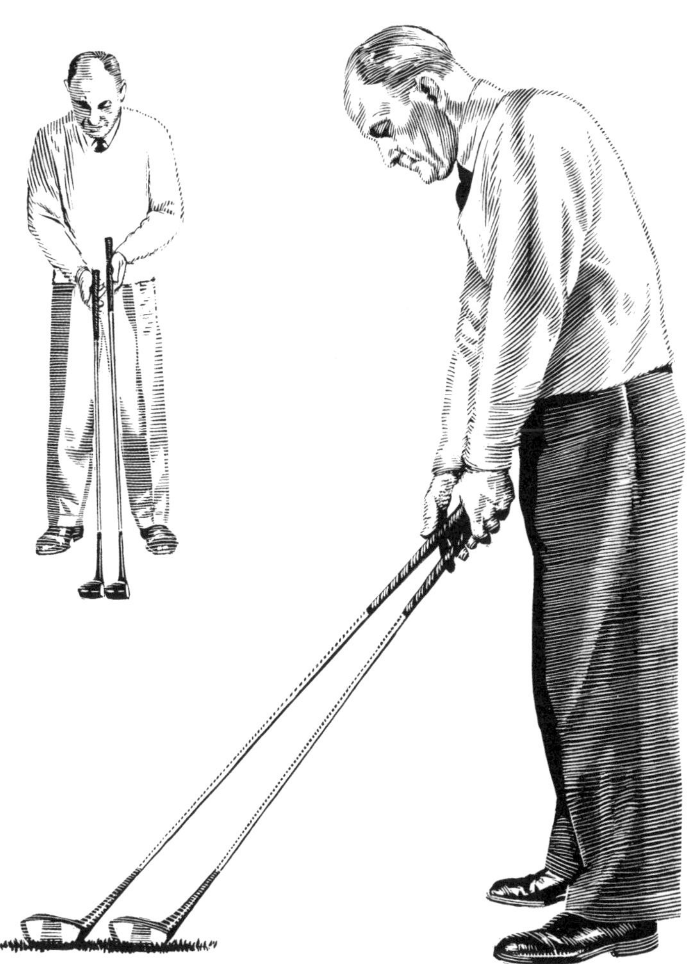

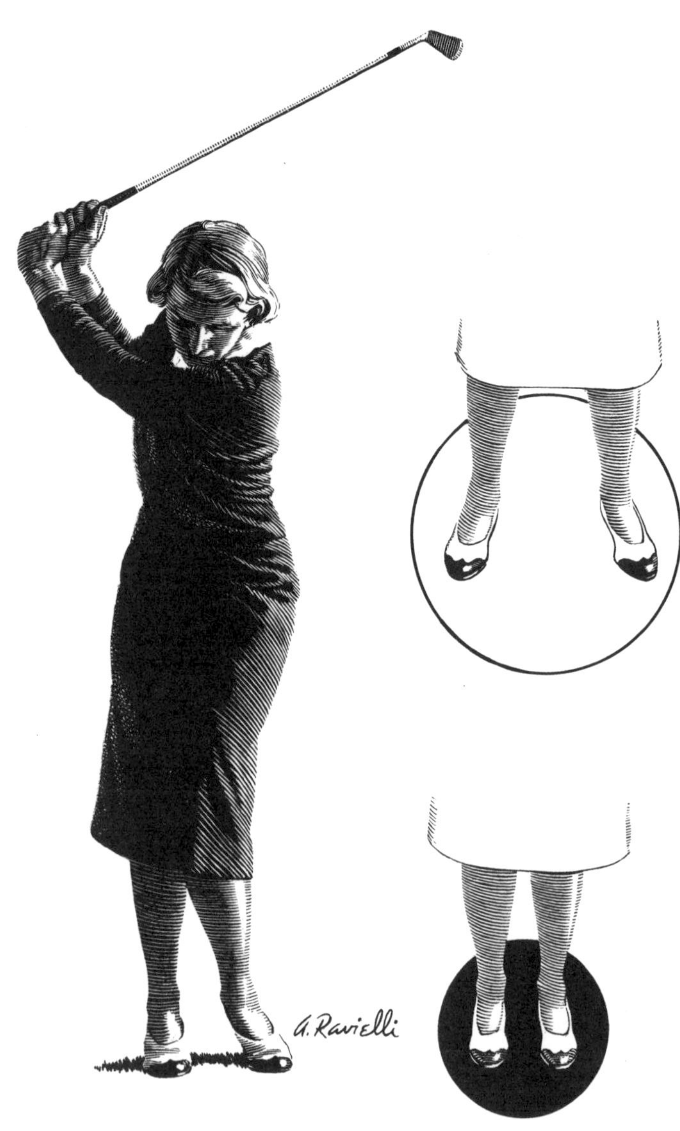

13 너비의 중요함
풀턴full turn과 밸런스 증진을 위한 셋업 방법

스탠스의 폭을 적당하게 벌리는 것으로 스윙을 상당히 강화할 수 있다. 적절한 체중 이동으로 오른발을 바깥쪽으로 비틀지 않고도 백스윙 시 풀턴을 할 수 있기 때문이다.

또한 알맞은 너비는 볼을 치기 직전에 왼발의 바깥 면으로 힘이 기우는 것을 방지해준다. 나를 포함한 골퍼에게 있어 이상적인 너비는 가장 긴 클럽을 잡았을 때, 양발의 뒤꿈치 중앙을 중심으로 어깨 너비로 벌린 것이다.

잭 니클라우스

14. 밸런스 있는 셋업하기

자연스럽고도 강력한 스윙의 열쇠

잭 니클라우스야 말로 밸런스를 잡는 데 있어 뛰어난 실력을 가지고 있다. 그는 자신의 무게를 양발에 동등하게 분배하면서도 살짝 왼쪽에 힘을 기울인다. 그리고 양발의 뒤꿈치와 볼 사이에 무게를 똑같이 배분한다. 그는 몸을 앞으로 굽히지도 젖히지도 않는다. 이처럼 살짝 무릎을 굽힌 절묘한 무게 배분을 통해 그는 자연스러운 풋워크와 다리동작 leg action 을 가능하게 했다. 이는 스윙을 할 때 클럽헤드가 최고의 속도를 내기 위해 필수적인 조건이다.

바이런 넬슨

15 자신에게 맞는 모델 찾기

최고의 결과를 얻기 위한 자신의 몸에 맞는 어드레스 포지션 찾는 법

수많은 플레이어가 잭 니클라우스 같은 자신들이 좋아하는 유명 골퍼들나 유행하는 스윙 스타일을 모방하려 노력한다. 하지만 몸 상태, 신체적 정신적 능력이 자신의 스윙 방식에 적합하지 않은 경우가 많다. 따라서 플레이어가 이들을 배우려면 자신의 신체적 조건과 능력, 숙련 정도에 따라 그 접근 방식을 조정할 필요가 있다.

짐 플릭

스윙 플레인 결정하기

**어드레스 시 클럽 포지션에 따른 적합한 스윙 플레인
결정 방법**

스윙 플레인은 주로 어드레스 포지션에 따라 결정된다. 먼저 볼을 정면으로 양발이 직각을 이루게 편안히 선다. 이때 몸을 젖히거나 굽혀서는 안 된다. 왼팔과 클럽은 거의 일직선을 유지해야 한다. 왼팔과 클럽이 수직에 대해 이루는 각도가 클럽을 팔로 올리고 내리는 스윙 플레인이다.

존 제이콥스

a. Ravielli

17 샷을 하기 전에
집중력을 높이기 위한 준비 동작

치려고 하는 샷과 클럽을 고를 때 깊이 생각하지 말자. 라이°를 고려하고, 타깃과 장애요소와 같이 주어진 상황에 대해 간단하게 생각하자. 일단 결정을 내렸다면 단 1초도 고민하지 말고 해야 할 일에 집중하라. 긴장하거나 스윙이 다소 빠르다고 느껴진다면 클럽을 하나 더 뽑아서 부드럽게 스윙해보라.

애니카 소렌스탐 *Annika Sorenstam*

° 라이lie : 공의 위치.

18 볼의 탄도 컨트롤

샷의 높이를 좌우하는 작은 변화

대부분의 플레이어는 어떤 클럽으로 어느 거리까지 샷을 날릴 수 있는지는 알지만 샷의 높이를 조절하라면 난처해한다. 샷의 탄도를 조절하는 것은 절대 어렵지 않다. 샷의 탄도 조절은 스윙의 피니쉬에 달려 있다. 만약 150야드의 로우 샷을 날린다고 가정하자. 그에 알맞은 클럽을 고를 것이다. 내 경우엔 7번 아이언이다. 그리고 내 스탠스의 방향과 수평방향으로 1인치 정도 뒤로 볼을 보낸다. 좀 더 정확한 컨트롤을 위해 약간 아래로 그립을 쥔다. 그리고 피니쉬 동작을 매우 낮게 취한다. 이것이 클럽의 유효 로프트*를 낮추어 보다 낮은 샷을 날릴 수 있게 도와준다.

높은 샷의 경우, 볼을 스탠스 방향과 수평하게 약간 앞으로 옮기고 피니쉬를 높게 한다. 가장 높은 피니쉬를 이루었을 때는 내 경우 4분의 3 스윙을 했을 때다. 난 보통 7번 아이언으로 165야드를 쳐낸다. 이 스윙으로는 155야드 정도를 친다. 나는 이 방법을 바람이 불 때 하거나, 다른 클럽으로 바꾸기 애매할 때 사용한다.

마이크 맥게트릭Mike McGetrick

* 유효 로프트effect loft / real loft : 클럽 페이스의 각도.

19 스퀘어 셋업

먼저 클럽페이스를 정렬하고 몸을 맞추자

임팩트 때 클럽헤드가 정확하게 움직이도록 하는 가장 좋은 방법은 볼에 맞추어 정확한 셋업을 하는 것이다. 셋업은 에임^{aim}과 스탠스로 이루어짐을 명심하자. 먼저 클럽페이스를 볼과 일직선상으로 위치시킴으로써 에임을 설정한다. 그리고 클럽페이스와 몸이 90도 각도를 이루도록 위치시킨다. 클럽페이스와 타깃 사이의 일직선을 보았을 때, 양 뒤꿈치와 양 무릎, 엉덩이, 양 어깨의 방향은 볼이 타깃으로 가는 선과 평행을 이루어야 한다.

존 제이콥스

20 정렬 과정

몸의 모든 부위가 타깃과 직각을 이뤄야 한다

셋업 과정에도 절차가 있다. 먼저 클럽의 그립을 정확히 잡을 것. 정확한 그립을 유지하면서 볼 뒤에 클럽을 위치시켜 정확한 에임을 설정한다. 이때 클럽의 바닥 모서리는 타깃과 직각을 이루도록 해야 한다.

그리고 클럽페이스의 에임에 의해 설정된 라인을 따라 스윙을 할 수 있도록 양팔과 발을 편안하고 자연스럽게 위치시킨다. 간단히 설명하자면 어깨와 가슴, 엉덩이, 무릎, 양발이 클럽페이스와 직각을 이루도록 하는 것이다.

존 제이콥스

21 바람직한 스탠스

정확한 다리 동작을 위해 오른발 각도를 확인하자

스탠스의 앵글이 불편하다면 발을 정확하게 움직일 수 없다. 피벗을 할 때 발생하는 많은 문제들은 다리가 뻐근하고 굳어서 생기는 것이다. 많은 골퍼들이 굳건한 스탠스에 급급한 나머지 두 발을 땅에 붙인 채 고정하는 경우가 있다. 이렇게 되면 제대로 된 스윙이 힘들다.

샘 스니드 *Sam Snead*

22 올바른 무게 배분

오른편을 낮추어 셋업하면 백스윙 시 충분한 스윙이
된다

볼을 강하게 임팩트하려면 체중은 볼 뒤에 두고 클럽이 완전히 빠져나갈 때까지 유지해야 한다. 제대로 된 셋업은 이에 도움이 된다. 좋지 않은 셋업 포지션에서는 클럽 페이스가 앞쪽으로 기울어진다. 그러면 내 오른쪽 어깨가 왼쪽보다 높아지게 되고, 내 머리는 볼보다 앞에 있게 된다. 몸의 무게 대부분이 왼편에 쏠리게 되는 것이다. 이는 좋지 않은 현상이다. 체중 배분을 반대로 해야 한다.

좋은 셋업 포지션에서는 스핀이 타깃 반대편으로 기울어진다. 오른쪽 어깨는 왼쪽보다 낮아지며, 머리는 볼 뒤편에 위치하게 된다. 무게는 양발에 일대일로 배분된다. 이 상황에서 무게 배분을 간단히 바꿔주기만 하면, 볼 뒤편에서 강력한 코일링을 구사할 수 있게 된다.

부치 하먼

23 파워를 위한 스탠스 넓히기

보다 강한 파워를 위해 볼 뒤에 셋업하고 유지하는 법

파워를 최대화하는 비법은 바로 셋업에 있다. 나는 오른발을 오른쪽으로 1에서 2인치 정도 옮김으로써 스탠스를 넓힌다. 이렇게 하면 머리 역시 볼에서 뒤로 멀어지게 된다. 그리고 평상시보다 더 강하게 스윙을 한다. 보통 75에서 80퍼센트의 스윙이었다면 여기선 90퍼센트 정도다. 하지만 스탠스를 넓혔기 때문에 밸런스를 유지할 수가 있다.

스탠스를 넓히면 임팩트 때에도 볼 뒤에 위치하는 데 도움이 된다. 내 경우에는 확인을 위해 오른쪽 어깨를 살핀다. 임팩트 단계에서 오른쪽 어깨가 볼 뒤에 위치한다면, 나머지 상체 역시 볼 뒤에 위치하는 것이다.

타이거 우즈

3. Swin

스윙

24 스윙의 크기

클럽이 짧을수록 스윙도 짧아진다

아이언과 우드의 스윙은 서로 다르지만 이를 의식해서 조치를 취할 필요는 없다. 내 경우 이 둘의 차이는 각각 4피트와 40피트에서 퍼트하는 것과 같다. 아이언 클럽이 짧아질수록 스트라이크 샷을 하게 되며 그만큼 스위프sweep 샷은 덜 하게 된다. 하지만 사실 이것은 자연스럽게 행해지는 것이다.

존 제이콥스

25 리듬에 맞추기

드라이버를 쥐었을지라도 웨지처럼 부드럽게 스윙하자

나는 샷을 좀처럼 강하게 치지 않는다. 그렇다고 좀처럼 약하게 치지도 않는다. 특히 웨지 샷을 칠 때면 그렇다. 그 이유는 내 샷이 폭넓은 거리를 커버하기 때문이다. 너무 강하게 누르면, 접촉이 나빠져 와일드 샷을 치게 된다. 박자를 맞추려면 '하나 둘 셋' 스윙 방법을 참고하자. '하나 둘 셋' 하고 마음속으로 세면서 탑까지 스윙하는 것이다. 그리고 피니쉬까지 '하나 둘 셋' 하고 센다. 이를 통해 거리(스피드)를 체크할 수 있다.

애니카 소렌스탐

26 테이크어웨이에서의 실수

낮은 온플레인 백스윙을 하는 방법

테이크어웨이를 할 때에는 두 가지 실수가 나타날 수 있다. 하나는 클럽을 들어 올리는 경우고, 다른 하나는 클럽을 인사이드 안쪽으로 빠지는 경우다. 클럽을 들어 올릴 때에는 왼쪽 어깨가 낮아지고 기울어지지만 실질적으로 어깨의 턴이 이루어지지 않는다. 결과적으로 자신의 왼편으로 지탱하게 되고 리버스 피벗*이 일어나 타핑**이나 청크***가 나게 된다.

클럽을 인사이드 뒤로 밀었을 경우에는 오른팔이 몸에서 떨어지게 되고 왼팔보다 위로 절반 정도 후퇴하게 된다. 클럽은 몸 뒤편으로 오픈되며 그 상태에서 다운스윙을 해야 하므로 슬라이스^{slice}나 풀^{pull}이 일어나게 된다.

부치 하먼

* 리버스 피벗reverse pivot : 역 피벗. 몸의 중심축 기울기가 올바른 방향이 아닌 그 반대 방향으로 기울어져 있는 상태.
** 타핑topping : 볼 위를 쳐서 또르르 굴러가는 것.
*** 청크chunk : 볼의 뒤땅을 치는 현상.

27 통 속에서 스윙하기

몸의 흔들림과 리버스 피벗을 방지하는 방법

강력한 코일링과 스윙을 위해서는 가슴을 오른편으로 이동시키고 엉덩이는 이에 직각을 유지해야 한다. 셔츠 가슴에 붙은 로고가 뒤편 무릎의 안쪽으로 이동한다고 생각하면 된다. 이를 위해서는 무릎을 굽혀 추가적인 무게를 감당할 수 있어야 한다. 마찬가지로 척추의 안정적인 기울임을 유지하도록 하자. 만약 자세가 흐트러진다면 스윙 경로가 위로 올라가게 되어 코일링에서 모은 힘을 모두 소진해버릴 것이다.

랜디 스미스 *Randy Smith*

28 어깨 기울기

정확성을 위해 백스윙 탑에서 왼쪽 어깨를 낮추자

풀 샷을 할 때면 종종 내 어깨는 백스윙의 정점에서 기울어지지 않고 수평을 이룬다. 결국 블록 샷 blocked shot 이 나와 공이 예상보다 오른쪽으로 날아가곤 한다. 드라이버를 칠 때 이를 확인할 수 있다. 백스윙 시 정확한 어깨 기울임을 완성하려면 왼쪽 어깨를 오른쪽 어깨보다 낮게 기울여야 한다. 이 자세가 스윙 플레인을 낮추어 임팩트 시 클럽페이스가 스퀘어를 이루도록 도와줄 것이다.

박세리

29 몸을 낮추자

무릎을 굽혀 스윙의 안정성을 얻자

볼을 향해 낮추라는 것은 히팅 에어리어^{hitting area}로 머리가 아닌 몸을 낮추라는 의미다. 그러기 위해서는 임팩트 순간 및 그 이후에도 무릎을 굽히고 왼편 무릎을 당기며 머리를 뒤쪽으로 해야 한다.

포워드 스윙^{forward swing}을 할 때에는 오른편 무릎은 올려서 펴지 말고, 낮추어 낮은 자세를 유지해야 한다.

바이런 넬슨

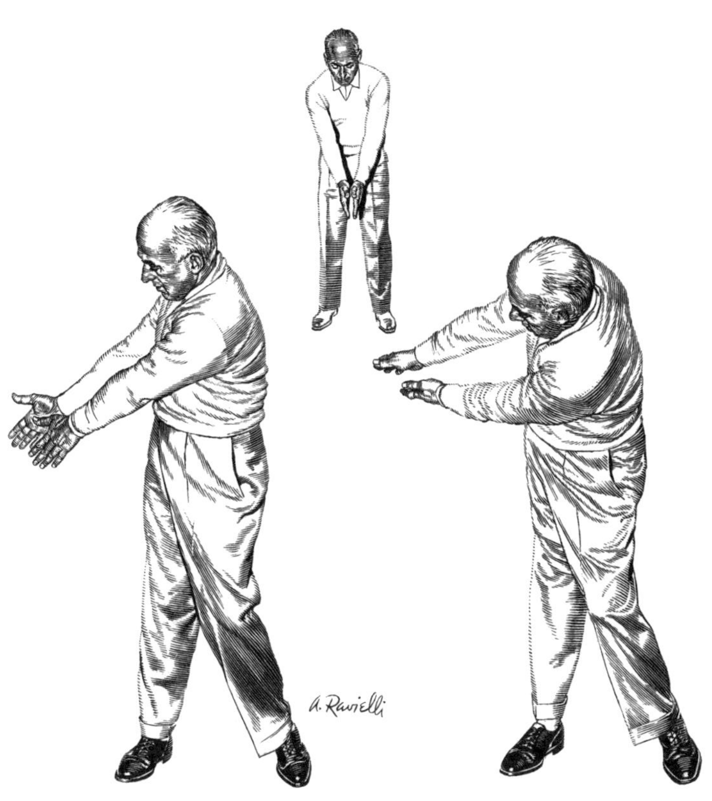

30 머리는 스윙의 중심

클럽헤드를 항상 볼에 정확하게 이끄는 방법

머리는 스윙의 중심이며, 몸을 따라 클럽을 회전시키는 중심축이다. 머리를 움직인다는 것은 그 축을 움직여 스윙 아크^{arc}를 변화시킨다는 말과 같다. 이 때문에 클럽헤드의 일관된 이동이 불가능하게 되는 것은 아니지만, 문제가 발생할 소지가 있다는 것은 확실하다.

잭 니클라우스

31 스윙 아크 *Swing's Arc*

스윙을 확장하는 방법

타이거 우즈는 가끔 백스윙을 크게 하는 법에 대해 이야기하곤 한다. 왼팔을 적당히 늘여주는 것이 스윙의 파워를 얻는 원천이다. 스윙 아크를 넓히는 데 도움이 되기 때문이다. 이것은 상당히 뛰어난 조언이지만 많은 플레이어들이 이를 잘못 적용시켜 곤란에 빠진다. 왼팔을 넓게 펴도 몸의 중앙은 그대로 남아 있는데, 이러한 부조화는 백스윙 시 팔을 잘못된 위치에 두어 왼팔에 지나친 긴장을 주고 몸통의 코일링을 제한하게 된다. 사람들은 왼팔을 무리하게 늘여 고정시켜 놓는 것이 유리하리라 생각하지만 실제로는 스윙의 자연스러움을 모두 잃게 한다.

백스윙을 할 때 왼팔이 부드럽게 느껴지도록 하자. 부드러운 느낌은 손목의 움직임을 돕는다. 양 어깨와 팔, 손이 잘 조화되어 코일링이 이루어져야 한다. 너무 왼팔을 늘이거나 따로 놀지 않도록 주의하라. 그렇지 않으면 스윙의 셋업 각도가 바뀔 수 있다.

짐 맥클린 Jim McLean

32 과도한 몸체의 움직임

타이트한 턴이 백스윙의 안정성을 가져오는 이유

어드레스를 할 때 팔은 상대적으로 곧게 펴서 타이트하게 유지한다. 이렇게 하면 팔꿈치가 구부러져 어깨와 엉덩이가 과도하게 돌아가거나 오버스윙overswing하는 것을 물리적으로 방지해준다.

세베 바예스테로스*Seve Ballesteros*

33 미끄러뜨리지 않고 돌려 스윙하기

척추를 중심으로 회전시켜 클럽헤드가 정확한 경로로 따라가도록 하는 방법

골퍼가 백스윙 때 오른쪽으로 엉덩이를 움직이는 경향이 있다면, 다운스윙을 시작하면서 오른쪽 엉덩이와 발뒤꿈치를 축으로 몸을 회전시킬 확률은 50 대 1 정도 된다. 오른발에 가해진 무게를 옮길 수 없어 체중이 우측 발뒤꿈치에 남게 된다. 결과적으로 어깨는 지나칠 정도로 바깥쪽 위로 이동하며 클럽헤드의 경로는 타깃 라인target line의 바깥에서 안으로 향하면서 임팩트가 이루어진다. 이를 해결할 매우 간단하고 효과적인 교정 방법이 있다. 백스윙을 할 때 척추 아래쪽을 축으로 엉덩이를 회전시킨다고 생각하라. 이때 오른발 바깥으로 체중 이동이 있어서는 안 된다.

잭 니클라우스

34 오른쪽 팔꿈치의 움직임

다운스윙 시 오른팔을 정확하게 펴는 방법

훌륭한 골프 스윙을 살펴보면 대부분이 임팩트 순간에 오른팔을 살짝 굽혀주며 팔꿈치는 바깥쪽이 아닌 아래쪽을 향한다. 이렇게 하지 않으면 오른쪽이 스윙의 컨트롤을 좌우하게 되어 결과가 엉망이 되어버린다. 그러나 임팩트 직후에는 오른팔을 곧게 펴고 타깃을 향해 늘어뜨린다. 내게는 이러한 동작이 마치 볼링을 하거나 소프트볼을 던지는 것과 비슷하게 느껴진다. 마치 팔을 쭉 뻗어 날아가는 볼을 오른손으로 다시 잡아오려는 하나의 완성된 동작과 같은 것이다.

잭 니클라우스

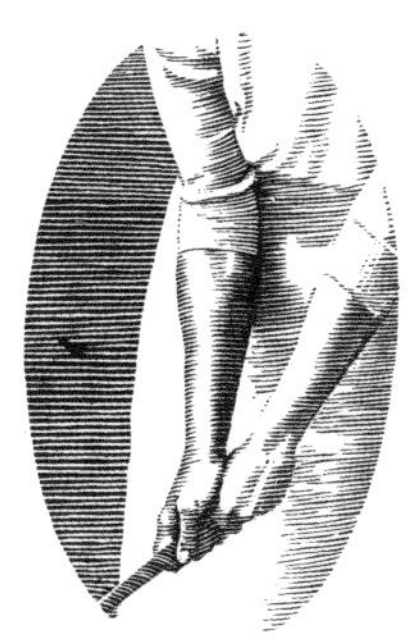

35 스윙의 탑에서 손목 위치

클럽을 지지하고 견고한 임팩트를 만드는 자세

탑에서 가장 이상적인 자세는 양 손목이 살짝 안으로 굽혀져 클럽을 균형 있게 지지해주는 것이다. 이때 양 손목이 이루는 각도는 마치 나비 날개처럼 'V' 자로 대칭을 이룬다. 이 견고한 자세는 어드레스 시 뉴트럴 그립을 잡는 것으로 시작하는데, 양 엄지와 집게손가락 사이의 골은 서로 평행하며 오른쪽 어깨를 가리켜야 한다.

데이비드 리드베터

36 왼발 뒤꿈치의 비밀

백스윙에서 유연성을 높여주는 방법

타이거 우즈는 정말 유연하다. 그는 마치 만화 캐릭터인 검비* 라 할 만큼 유연하다. 때로는 그가 스윙을 할 때 지나치게 몸을 회전시키지 않도록 교정하곤 했었다. LPGA 투어 스타인 나탈 리 걸비스Natalie Gulbis 역시 스윙을 할 때 같은 문제를 안고 있었 다. 너무 유연하다는 것이다. 그러나 우리 대부분은 그들처럼 멋진 문제를 가지고 있지 않다. 특히 나이를 먹을수록 유연성을 잃게 되고 스윙은 짧아진다.

하지만 헬스클럽에서 땀을 흘리지 않고도 스윙의 폭을 늘릴 수 있는 간단한 교정 방법이 있다. 왼발 뒤꿈치를 땅에서 들어 보는 것이 풀 백스윙을 하는 데 도움이 되는지 시도해보자. 여 기서 핵심은 '되는지 시도해보자' 이다. 만약 왼발 뒤꿈치를 땅 에 붙이고도 풀 백스윙을 할 수 있다면 그렇게 하라. 하지만 왼 발 뒤꿈치를 떨어뜨리지 않아서 제대로 할 수 없었다는 이야기 는 이제 더 이상 하지 말 것. 과거 톰 왓슨이 했던 것처럼 위대 한 잭 니클라우스도 아주 조금만 뒤꿈치를 떼고도 해냈으니까.

부치 하먼

---

* 검비Gumby : 클레이애니메이션 검비스토리의 주인공으로, 찰흙으로 만들어진 캐릭터.

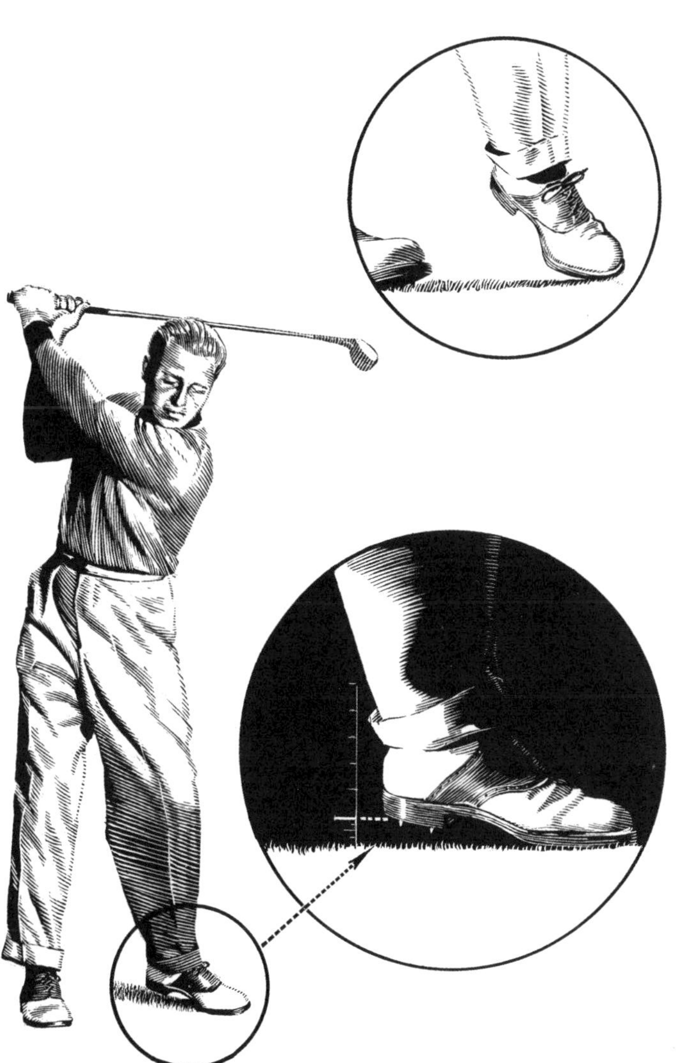

37 풀턴을 하는 방법

정확한 스윙 자세를 위해 등은 타깃을 향하자

견고한 드라이버 샷을 위해서는 볼을 업스윙^{upswing}으로 쳐내야 한다. 이것은 뒤편까지 풀턴을 하지 않고서는 불가능하다. 무게중심을 왼편에 두는 대신에 어깨를 돌리고 체중 이동으로 무게중심을 오른쪽으로 옮겨보자. 무게가 오른쪽 뒤꿈치로 이동한다고 생각하면 된다. 이 자세가 볼을 위로 쳐낼 수 있게 해줄 것이다.

행크 해니

38 다운스윙 시 오른발 내딛기

다리 힘을 제대로 활용하는 방법

많은 플레이어들이 자신의 다리 힘을 잘 활용하지 못한다. 임팩트 때 오른발이 땅에 붙어 있는 것을 흔히 볼 수 있다. 오른 무릎이 타깃 방향으로 움직이지 않은 것이다. 이렇게 하반신의 움직임이 없으면 당연히 있어야 할 체중 이동이 이루어지지 않는다.

어드레스를 할 때 무릎 사이에 풍선이 끼어 있다 생각하자. 백스윙을 할 때 그 풍선을 확실하게 고정시켜라. 코일링을 최대로 하게 되면 양 다리의 저항감이 고조된다. 클럽헤드가 임팩트에 거의 다다랐을 때, 오른쪽 무릎을 왼쪽 무릎으로 밀면서 풍선을 터트리자.

데이비드 리드베터

39 다운스윙 시 다리의 움직임

야구 경기의 파워풀한 홈런타자와 같은 무게 이동법

파워풀한 샷을 위해서는 다운스윙 시 체중 이동을 오른쪽에서 왼쪽으로 자연스럽게 해야 한다. 이것이 바로 골프 강사들이 말하는 "오른편을 쏴라"는 말의 의미다. 그러기 위해서는 오른쪽 팔꿈치와 엉덩이, 무릎이 임팩트에 다다를 때 일직선을 이루어야 하며, 임팩트 순간 체중 이동이 마무리되어야 한다.

제대로 "오른편을 쏴았다"면 임팩트 시 오른발 뒤꿈치는 땅에서 떨어지고, 오른쪽 무릎은 볼 앞을 향해 굽혀졌을 것이며, 오른팔 팔꿈치는 오른편 엉덩이 앞으로 이동하게 된다. 이러한 자세를 통해 다리와 엉덩이에 남겨두었던 근육이 엄청난 힘을 발휘할 수 있게 된다.

짐 매클린 Jim Mclean

40 저속을 유지해야 할 때

보다 강한 힘을 위해 점진적인 속도를 내는 방법

골프에서는 빠른 속도가 중요하지만 백스윙에서 다운스윙으로 바뀌는 단계에서는 예외다. 너무 빠르게 탑에 도달하면 클럽 헤드를 몸으로부터 떨어뜨리려는 경향이 생기며 오버스윙이 되어 힘을 소모하게 된다. 보다 나은 전환을 위해서는 백스윙 탑을 일종의 어린이 보호구역으로 생각하는 것이 좋다. 어린이 보호구역에서 속도를 줄이고, 구역을 나오면 액셀러레이터를 밟는 것처럼 말이다. 그리고 고속도로를 달리듯 속도를 내면 된다.

랜디 스미스

41 안정성을 위한 척추 자세

스윙을 하는 동안 척추를 꼿꼿이 펼 것

척추야말로 스윙의 회전축이 되기 때문에(엉덩이와 머리를 연결해준다) 어드레스 시 상대적으로 꼿꼿해야 한다. 그렇지 않으면 마치 구부러진 차축을 가지는 것과 같아 바퀴가 모든 곳에서 덜컹거리게 된다.

척 쿡*Chuck Cook*

42 백스윙 탑에서의 오른팔

오른팔의 정확한 자세야말로 안정된 스윙의 지름길

사람들은 백스윙 탑에서 팔을 몸에 붙이는 것에 대해 이야기할 때면 보통 왼팔에 집중한다. 몸에서 왼팔이 떨어질 때면 눈으로 확인하기 쉽기 때문이다. 그러나 오른팔도 잊지 말자. 양팔이 몸 앞에서 위로 올라가려고 할 것이다. 왼팔을 가슴에 너무 붙이려고 하면, 오른팔은 몸에서 떨어져 지나치게 뒤로 갈 우려가 있다. 양팔이 같은 정도로 몸에 붙어 있어야 한다. 오른팔이 쟁반 위의 유리잔을 받쳐 드는 모습을 상상하고 탑에서 손목이 적절히 코킹되어 샤프트가 지면과 평행해야 한다. 오른팔은 뒤꿈치가 90도 각도를 이룰 것이다. 여기서 약간 앞쪽으로 회전시키고 어깨를 돌려주면 몸에 붙어 있는 완벽한 탑의 자세가 되는 것이다.

행크 해니

43 머리를 움직이지 말 것

지나친 움직임이 수많은 잘못을 낳는다

어드레스 시 볼과의 상대적인 위치를 일정하게 유지하기 위해 스윙을 하는 동안 고개를 돌리기도 한다. 그러나 머리가 좌우로 흔들리거나 위 아래로 움직이는 것을 방지하기 위해서 나는 대부분의 골퍼들에게 절대 머리를 움직이지 않도록 권한다.

캐리 미들코프*Cary Middlecoff*

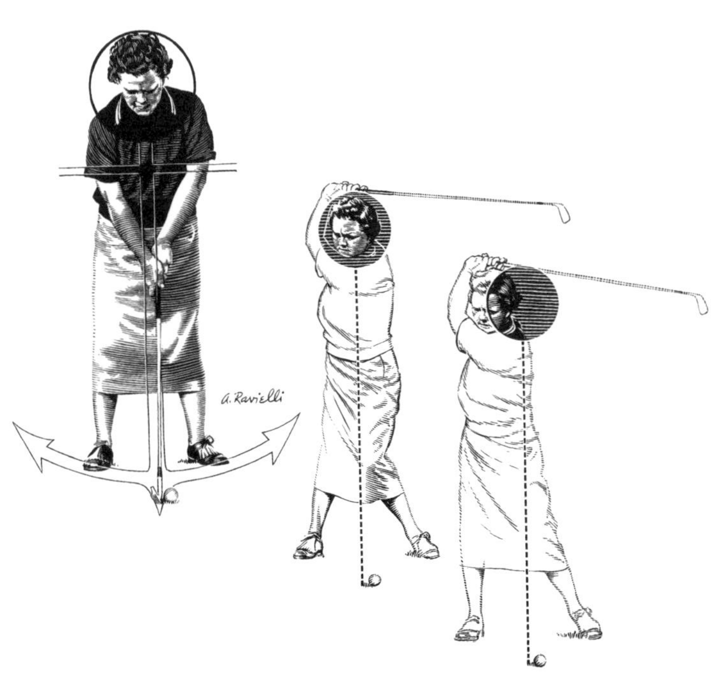
A. Ravielli

44 체중 이동

다운스윙을 정확한 순서대로 시작하기

나는 다운스윙을 각기 다른 근육의 협응동작으로 연결된 반응이라 생각한다. 협응반응의 첫 번째 과정은 바로 몸 왼편에서 시작한다. 몸의 왼편은 볼을 향해 지나쳐 나아가며 이때, 양손 역시 아래로 내려가면서 볼의 방향으로 나아가게 된다. 결과적으로 양손이 클럽헤드를 이끌어 볼을 향해 나아가도록 만든다. 몸의 왼편은 샷을 치는 동안 계속해서 회전해야 하며, 팔이 따라잡을 때까지 멈춰서는 안 된다. 이에 따라 자동적으로 손도 움직이게 되는 것이다.

바이런 넬슨

45 클럽헤드를 지나치게 뒤로 젖히지 말 것

테이크어웨이 시 손목을 완만하게 세팅하자

타이거 우즈와 데이비스 러브 3세^{Davis Love III}는 테이크 어웨이를 할 때 양팔과 몸 사이의 공간을 상당히 많이 준다. 이것이 바로 그들이 볼을 멀리 쳐내는 이유 중 하나다. 하지만 나는 지나치게 뒤로 젖히면 그들의 스윙이 엉망이 되는 것을 보곤 했다. 만약 당신도 그런 경향이 있다면 백스윙의 탑에서 오른손을 머리와 가능한 멀리 위치시켜보도록 하자. 이때 오른팔 팔꿈치는 90도가 되어야 한다. 스윙을 할 때 미리 완만하게 굽혀놓았다면 쉽게 할 수 있다. 아직도 상당한 공간이 남아 있을 것이며 상당한 파워로 바뀔 것이다.

부치 하먼

46 다운스윙은 왼쪽 무릎부터 시작된다

타깃 라인 안쪽으로부터 클럽을 정확히 이동시키기

박빙의 승부에서 안정적인 스윙을 하기가 어렵다면, 해결의 열쇠는 다운스윙을 시작할 때 사용하는 왼쪽 무릎에 있다. 연습할 때 오른발로 백스윙을 지탱한 후, 왼쪽 무릎과 허벅지를 비스듬히 움직이면서 회전시켜 왼편으로 이동시켜보자. 이렇게 하면 다운스윙 시 팔을 떨어뜨려 클럽이 타깃 라인에 위치하도록 해주기 때문에 길고도 안정된 샷을 칠 수 있게 된다.

짐 플릭

47 안에서 안으로의 경로

임팩트 시 클럽을 타깃 라인에 놓는 방법

클럽과 양손, 양팔은 다운스윙과 팔로우 스루follow through에서 타깃 라인 안쪽에 위치해야 한다. 어깨를 정확히 돌려준다면 클럽헤드는 스윙을 하는 동안 타깃 라인 안쪽에 남아 있게 되지만 히팅 에어리어에서는 타깃 라인과 일치하게 된다.

바이런 넬슨

48 치킨 윙 슬라이스

왼쪽 팔을 펴줌으로써 견실한 샷을 치자

볼을 슬라이스하게 될 때 많은 사람들은 자신이 팔꿈치를 펴주는 것에 문제가 있음을 깨닫지 못한다. 이러한 현상을 '치킨 윙'* 피니쉬라고 하는데 왼쪽 팔꿈치가 쭉 펴져 아래로 회전하지 않고, 굽혀진 상태로 위로 튀어나오기 때문이다. 이는 임팩트 시 클럽페이스가 제대로 접근하지 못했다는 확실한 증거다.

데이비드 리드베터

---

* 치킨 윙chicken wing : 닭 날개와 같이 왼 팔꿈치가 벌어지는 현상.

a. Ravielli

49 스윙을 하는 동안 안정된 다리 자세

균형을 잃지 않도록 물컵으로 연습하기

　다운스윙은 아래에서부터 이루어지는 법이다. 좋은 풋워크는 몸을 안정되게 하고 볼 뒤편에 위치하도록 도와주어 임팩트 시 몸이 앞으로 나가지 않도록 방지해준다. 정확한 풋워크에는 그에 따른 정확한 동작들이 따라오기 마련이다.

　그 핵심은 바로 오른발이며 오른발이 다운스윙에서 어떻게 움직이느냐가 관건이다. 백스윙의 끝에서 오른발은 지면에 붙어 있어야 한다. 여기서 무게중심이 오른발 안쪽으로 집중되고 엉덩이를 회전시킴에 따라 발등을 밀어 오른발을 회전시키며 들어 올려야 한다. 임팩트 시 오른발 뒤꿈치를 살짝 들어주며, 피니쉬에는 오른발 엄지발가락만을 지면에 놓는다.

행크 해니

50 스윙 시 클럽헤드의 속도 높이기

팔의 긴장을 없애면 클럽헤드의 속도가 빨라진다

어깨는 팔을 휘둘러줌으로써 따라간다. 아쉽게도 많은 골퍼들은 의식적으로 어깨를 틀어주려고 한다. 이것은 긴장을 유발하고 골프 클럽의 자연스러운 스윙을 방해할 뿐이다. 긴장이야말로 속도를 죽이는 걸림돌이다. 긴장하지 않은 근육의 스윙이 빠른 헤드스피드와 볼을 정확히 보낼 수 있다.

짐 플릭

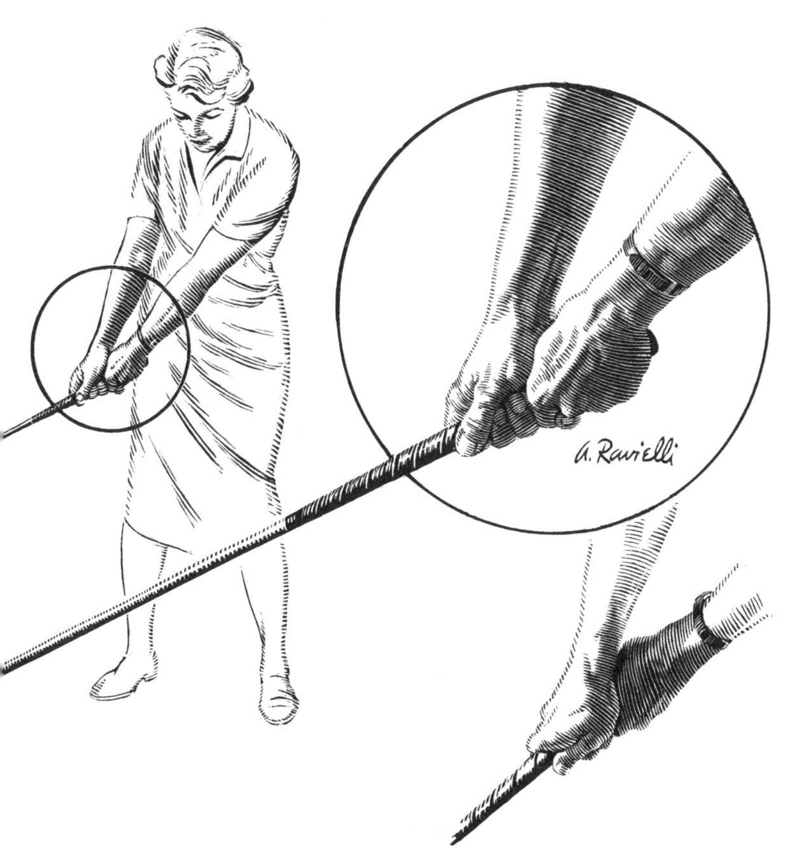

51 여성 골퍼에게

엉덩이는 큰 회전을 위한 열쇠
클럽헤드의 속도를 늘려 더 큰 파워를 얻는 방법

많은 여성 골퍼들은 백스윙을 할 때 어깨를 크게 회전시키는 반면 엉덩이의 회전은 상대적으로 작은 편이다. 몇몇 여성들에게는 이러한 동작이 적합하지 않은데 선천적으로 어깨보다는 엉덩이가 더 넓을 수 있기 때문이다. 백스윙의 정점에서 등을 타깃에 향하게 하고 자세를 잡으려면 엉덩이를 잘 회전시켜야 한다. 유감스럽게도 많은 여성골퍼들이 엉덩이의 움직임을 제한하는 것을 목격해왔다. 이 경우 클럽헤드가 제대로 된 속도를 내지 못하고 파워도 감소하게 된다.

캐시 휘트워스 *Kathy Whitworth*

52 좀 더 강한 임팩트를 위해

클럽페이스를 클로즈로 회전시킬 수 있도록 왼발을 고정시키자

티에서 볼을 쳐낼 때 힘이 부족한 느낌을 받거나 힘이 분산되는 느낌을 받는 것은 임팩트 시 클럽페이스가 오픈 상태이고 타격 각도가 너무 경사졌기 때문이다. 즉 스윙 과정 어딘가에서 클럽헤드의 페이스가 오픈으로 회전하면서 임팩트 순간까지 열려 있기 때문이다. 이것은 스윙을 할 때 왼발을 고정시키지 않아서 생긴 문제다.

문제 해결을 위해 아래의 3가지 항목을 실천하자:

1. 임팩트에서 클럽헤드의 토^{toe}부분이 볼을 덮도록 하자.

2. 스윙에서 임팩트를 하는 동안 팔뚝에 약간의 회전을 주자. 테니스에서 포핸드 탑스핀 스매시$^{forehand\ topspin\ smash}$를 친다 생각하면 된다.

3. 볼을 끊어 치거나 내리치는 샷을 하지 말고 오히려 아래에서 위로 올리는 스윙을 하자.

완벽한 임팩트의 열쇠는 타격 순간 클럽헤드가 최대한 지면에 오랫동안 있어야 하며, 이렇게 스윙이 만들어지면 강력한 샷으로 바꿀 수 있다.

짐 맥클린

53 좀 더 강력한 코일링을 위해

회전할 때 중심을 지키자

　백스윙을 할 때 축과의 코일링 없이 단순히 머리와 엉덩이를 타깃 방향으로 움직이기만 하면 강하고도 좋은 샷을 절대로 칠 수 없다. 리버스 피벗이 무게중심을 오른편으로 이동시키는 것을 방해하기 때문이다. 풀 백스윙을 할 때에는 왼쪽 엉덩이가 원래 자리에서 5에서 8센티미터 정도 떨어지도록 하고, 상반신의 중심은 약 15센티미터 정도 움직여 자신의 가슴이 오른발 발등과 일직선을 이루도록 해야 한다.

짐 맥클린

A. Ravielli

54. 임팩트 시 오른팔을 뻗어주자

파워를 내기 위해 오른편 전체 긴장 풀기

다운스윙을 하면서 최대 파워를 내기 위해서는 몸 오른쪽 전체의 긴장을 풀고 타깃을 향해 나아가도록 해야 한다. 이것은 임팩트와 마지막 피니쉬까지 전부 해당된다. 이때의 느낌은 권투선수가 펀치를 날리는 것과 매우 흡사하다. 권투선수가 몸통 블로우를 날릴 때면 자신의 무게중심을 앞으로 옮기면서 오른팔과 어깨를 타깃을 향해 뻗는다.

권투선수의 녹아웃 펀치처럼 자신의 골프 스윙을 완성하자. 몸 오른편에 힘을 빼고 볼을 쳐내야 한다. 샷을 하는 동안 몸을 회전시켜 팔로우 스루 단계의 끝에는 오른쪽 어깨가 타깃을 향하도록 하자.

데이비드 리드베터

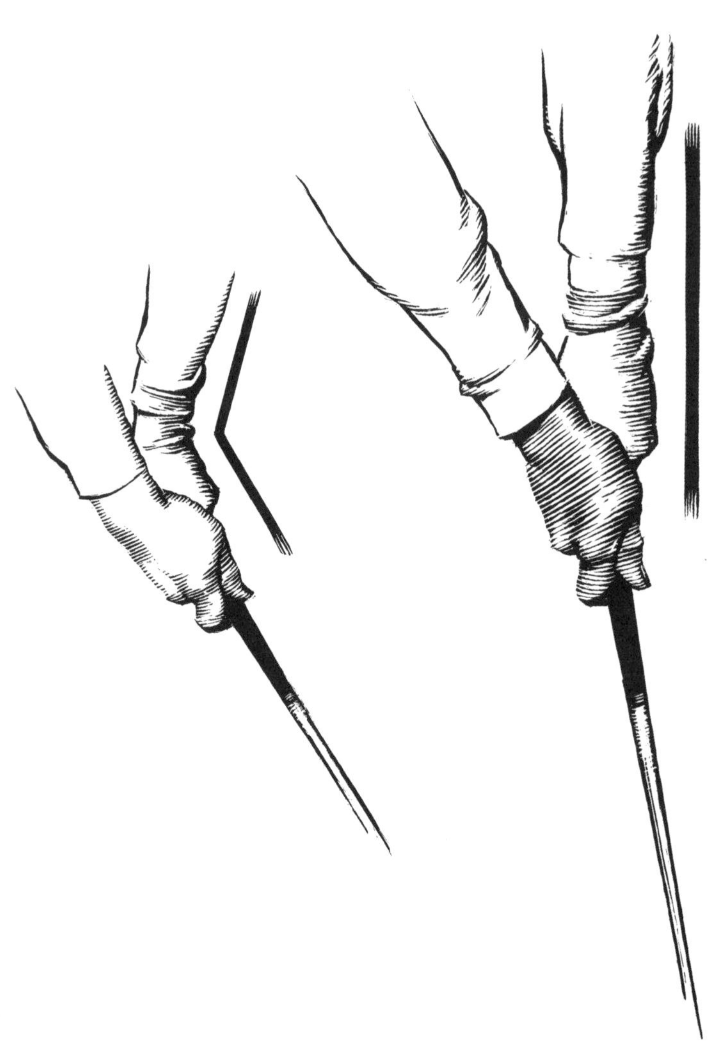

55 임팩트 시에는 왼손 손목을 펴줄 것

더 많은 파워를 내면서 스윙 경로가 바르게 뻗어나가도록 하는 방법

클럽헤드로 볼을 맞추려는 생각은 버리자. 대신 클럽 핸들이 볼을 지나가는 데 집중하자. 대부분의 플레이어에게 이러한 생각은 임팩트 시 손의 위치에 대한 근본적인 변화를 가져온다. 스윙을 할 때 손목을 사용하게 되면 임팩트 시 선도하는 왼 팔목이 굽혀지고 따라오는 오른 팔목은 펴지는 법이다. 좋은 플레이어는 정 반대로 왼 팔목을 펴고 오른 팔목을 굽힌다.

톰 네스Tom Ness

56 스트레이트 샷을 하려면 팔목을 붙이자

임팩트 이후 클럽을 바르게 릴리스하는 법

볼을 칠 때 왼쪽 팔뚝과 오른쪽 팔뚝을 붙이도록 노력하자. 실제로 붙는 것은 아니지만 서로 맞붙이려는 의도는 클럽을 릴리즈할 때 도움이 된다.

톰 왓슨

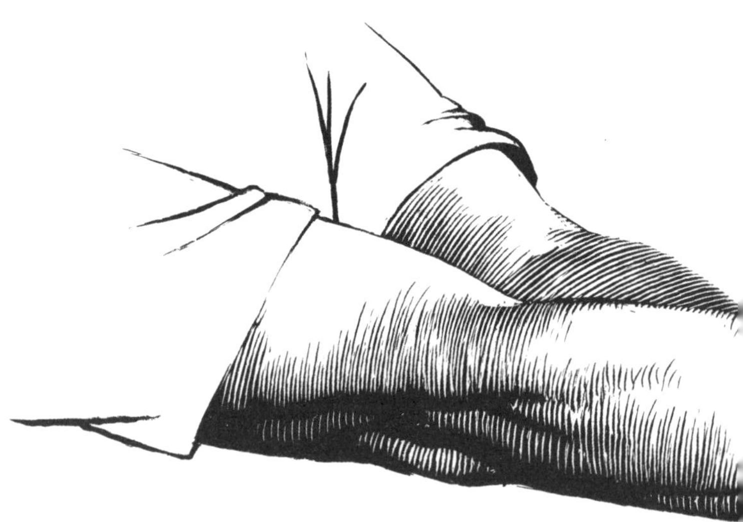

57 좋은 손목 움직임

스윙을 할 때 손을 올바르게 사용하는 방법

클럽을 스윙할 때 필요한 손목의 움직임은 오직 클럽을 들어 올리고 낮추는 것이다. 그립을 바르게 잡았다면 손목의 움직임은 엄지손가락의 뿌리에서 시작되며 손목에 주름이 잡히는 대신 엄지손가락 부근에 주름이 잡힌다. 이 손목 동작이 지렛대 역할을 해주며 높게 스윙할 수 있도록 해준다. 또한 다운스윙을 하는 동안 볼을 향해 클럽헤드를 낮춰준다.

에디 메린스 *Eddie Merrins*

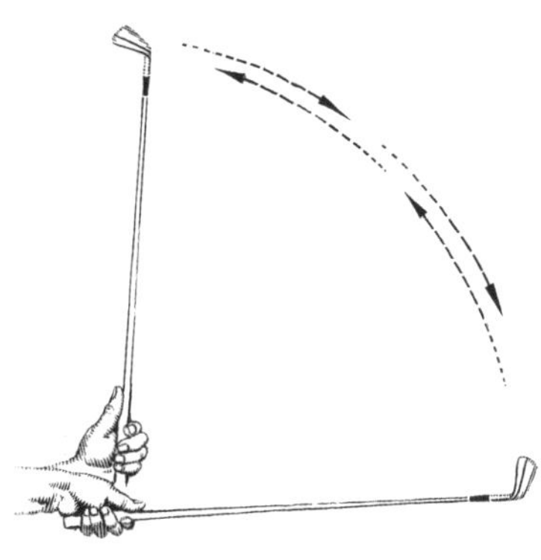

58 'L' 자형 스윙

스윙 시 에너지를 소모하지 않고 축적하는 방법

손목은 마치 경첩처럼 움직여 팔과 클럽 사이에 일정한 각도를 형성해준다. 우리는 이것을 "'L' 자에서 'L' 자로"라고 부른다. 드라이버로 하프 스윙^{half swing}을 하려면 클럽이 평행을 이루었을 때 왼팔 팔뚝과 샤프트를 'L' 자로 만들자. 그리고 임팩트에서 클럽이 가격할 때까지 그 모양을 유지한다.

임팩트 이후에는 오른팔 팔뚝과 클럽 샤프트 사이를 다시 'L' 자로 만든다. 이것은 임팩트 순간 최고의 에너지를 전달해줄 뿐만 아니라 양 팔뚝의 정확한 회전을 도와준다.

데이비드 리드베터

A. Ravielli

59 스윙 플레인을 유지하기

몸의 안정을 유지하면서 클럽을 스윙하는 방법

다른 플레이어들과 마찬가지로 나 역시 어릴 적부터 스윙 플레인을 유지하는 데 나쁜 버릇을 가지고 있었다. 나는 클럽을 백스윙의 정점에서 클럽을 스윙 플레인 궤도에 올려놓고서 따라가야 할 궤도 안쪽으로 떨어뜨리곤 했다. 이 때문에 임팩트 시 클럽페이스 스퀘어를 만들기 위해 손을 살짝 팅겨주어야 제대로 샷을 쳐낼 수 있었다. 드문 일이었지만 타이밍이 어긋날 때면 왼쪽이나 오른쪽으로 기울어져 샷을 제대로 칠 수 없었다.

과거 백스윙 탑에서 클럽을 떨어뜨리던 것과는 달리 이제는 오른쪽 팔뚝을 아래로 회전시켜 내 안쪽으로 위치하도록 집중한다. 이는 나로 하여금 클럽이 내 몸 앞에 위치하게 하고 클럽 샤프트가 정확한 스윙 플레인에 있도록 해준다. 따라서 복잡하게 생각하지 않고도 타이밍을 맞출 수 있게 되었다. 이제 안정적으로 보다 정확하게 볼을 쳐내고 효과적으로 거리를 조절할 수 있게 되었다.

타이거 우즈

4. Chip

치핑

ping

60 섬세한 칩 샷

굳건한 임팩트를 위해 스윙을 멈추지 말자

이 샷을 구사하려면 9번 아이언이나 피칭 웨지^{pitching wedge}를 사용하자. 그립은 마치 커다란 카나리아를 붙잡고 있다고 느껴지는 정도의 강도로 쥐어야 한다. 이제 치핑 스트로크를 해보자. 왼발에 무게중심 두고, 볼은 스탠스의 중간에 위치시킨다. 어드레스 시 양손은 왼쪽 바지 재봉선 쪽에 위치한다. 짧은 백스윙과 팔로우를 할 때 클럽페이스가 스퀘어를 이루어야 한다. 섬세한 샷 특성 때문에 볼이 퍼올려지거나 스트로크가 어긋나는 경향이 있다. 따라서 가장 좋은 방법은 클럽헤드가 볼 밑을 먼저 지나가도록 스윙하고 팔로우한다고 생각하도록 하자.

빌리 캐스퍼

A. Ravielli

61 로프트가 큰 피치 샷 셋업

높이를 올리려면 볼 위치를 중간에서 점점 왼쪽으로 이동하자

어드레스 포지션이야말로 이 샷을 정확히 치기 위한 열쇠다. 높은 탄도 궤도를 만들기 위해서는 제대로 된 스윙 형태를 만들기 위해 최선을 다해야 한다. 무게를 공평하게 배분한 상황에서 아주 약간 왼쪽에 더 무게를 둔다. 스탠스는 오픈시키고 왼발 앞쪽에 볼이 위치하도록 하고 그 위에 손을 놓는다. 대부분의 초심자들은 이 샷을 어렵게 느끼는데 볼을 오른발 앞쪽에 위치시키기 때문이다.

호세 마리아 올라사발 *Jose Maria Olazabal*

62 안정된 칩 샷

최고의 컨트롤을 얻는 방법

좀 더 강력한 컨트롤을 원한다면 쇼트 칩샷short chip shot 혹은 피치 샷을 위해 선택한 클럽을 짧게 내려잡자. 각각(샌드, 피칭, 9번, 8번 등)의 모든 클럽에서 정확히 같은 위치를 잡아서 다음 클럽을 잡을 때의 느낌을 가늠하도록 하자. 각각의 클럽이 같은 정도의 느낌과 세기로 볼이 클럽에 따라 얼마나 날아가는지를 느끼고 뇌로 감지될 때까지 계속하라. 결과적으로 쇼트 게임에서 안정되게 볼을 정확히 목표에 보낼 수 있게 될 것이다.

톰 왓슨

63 짧은 샷에서 몸의 회전

자연스러운 스트로크를 위해 몸을 더 부드럽게 하자

많은 플레이어들이 타깃 라인에 맞추어 일직선상으로 클럽을 당기는 경향이 있다. 나는 대신 자연스러운 스윙 플레인이라 할 수 있는 몸의 회전곡선에 클럽헤드 경로를 맞춘다. 먼저 양팔의 팔뚝을 회전시키고 팔꿈치를 접어 아주 약간 비틀어준다. 이렇게 하면 하체의 움직임이 좀 더 자연스럽게 된다. 나는 팔로 백스윙을 하지 않는다. 대신 무릎과 엉덩이를 약간 비틀어 팔뚝을 회전시킨다. 팔뚝 회전을 처음 시도할 때는 상당히 힘들지만 곧 그 효율에 놀라게 될 것이다.

스탠 어틀리

64. 칩샷에서는 리스트 코크*를 하자

손과 팔이 뻣뻣하면 그린에서의 감을 버릴 수 있다

세베 바예스테로스와 필 미켈슨^{Phil Mickelson}과 같은 위대한 쇼트 게임 플레이어들을 살펴보자. 아주 작은 칩샷이나 미묘한 다리 움직임에서도 손목과 손의 움직임을 살펴볼 것을 권한다. 위대한 쇼트 게임 플레이어들은 모두 부드럽게 손목을 사용한다. 그렇다고 여러분에게 손목을 흐느적흐느적 움직이라는 것은 아니다. 다만 절대로 손목을 경직시키거나 뻣뻣하게 힘을 주어서는 안 된다.

짐 맥클린

---

* 리스트 코크wrist cock : 손목을 엄지손가락 쪽으로 꺾는 것.

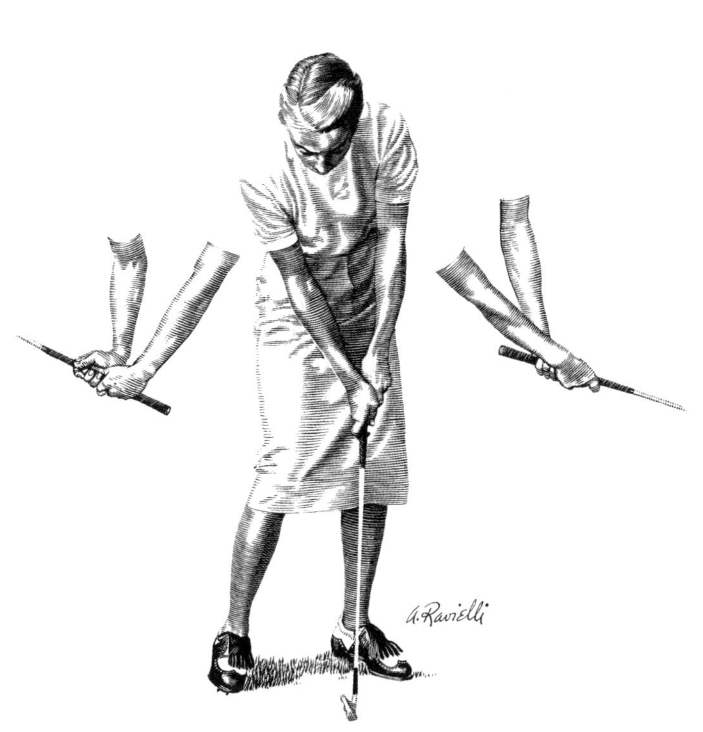

65 시원한 임팩트를 위해 높이 서자

너무 두껍거나 얇은 칩샷을 방지하는 법

볼에 너무 깊숙이 닿는 것을 방지하기 위해 클럽헤드를 볼에서 약간 떨어뜨리거나 지면에서 약간 들어 셋업한다. 몸을 좀 더 높이 세우고 클럽을 더 짧게 잡아서 팔과 몸이 연결된 어깨를 턱 쪽으로 약간 끌어당긴다. 볼의 바닥에서 0.7센티미터 정도 위에 클럽헤드의 바닥이 오도록 살짝 고정시킨다. 이렇게 조정하면 잔디를 긁을 우려 없이 헤드의 움직임이 더욱 자연스러워진다.

폴 런얀*Paul Runyan*

66 클럽페이스와 러프 차단하기

셋업을 바꿔 러프의 긴 잔디로부터 벗어나는 방법

러프에서 빠져나가기 위해 마주치는 주요 문제는 바로 긴 잔디다. 평상시 스윙에서 임팩트 순간 클럽페이스와 볼 사이에 잔디가 낄 우려가 있기 때문이다. 볼을 스탠스 후방으로 잘 위치시키고 로프트가 더 큰 클럽을 선택함으로써 클럽페이스에 방해되는 것이 없도록 차단해주자. 이렇게 하면 자동적으로 보다 똑바른 백스윙을 하게 되고 제대로 볼을 쳐낼 수 있게 된다. 이렇게 하면 잔디와 만날 확률을 최소화해 볼과 최대한으로 임팩트할 수 있도록 해줄 것이다.

더그 포드*Doug Ford*

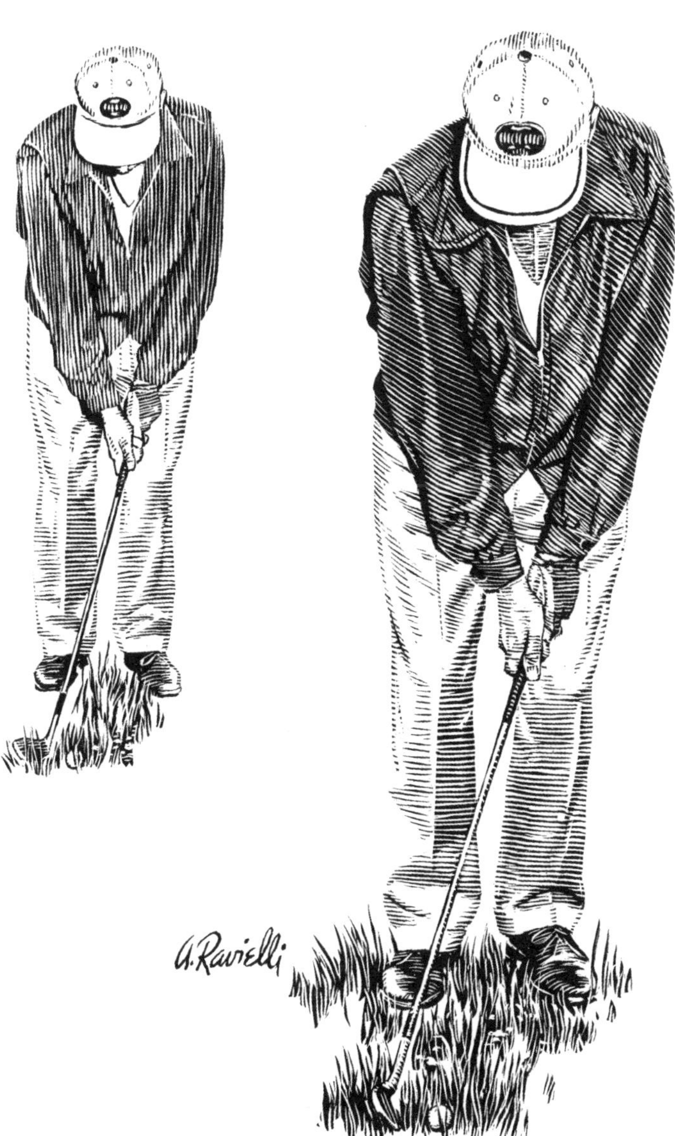

67 러프에서 스윙의 핵심은 왼쪽

정확한 임팩트를 위해 잔디 사이로 클럽을 밀고 나아가자

러프에서의 샷은 어렵지 않다. 왼손은 홀을 향해 유지하고 볼을 임팩트하고 지나갈 때까지 헤드의 속도를 좀 더 가속시키면 된다. 여러분이 퍼팅을 할 때와 마찬가지로 왼손으로 클럽을 가이드하고 일직선을 유지해 샷을 하면 되는 것이다.

데이브 스탁튼*Dave Stockton*

68 안 좋은 라이에서의 칩샷

깔끔한 임팩트를 위해 왼편에 집중하자

라이의 상태가 최악이라면 스탠스의 우측 발 근처에 볼을 위치해 플레이해야 한다. 팔은 볼에서 더 왼편에 위치시키고 좀 더 높은 각의 웨지를 사용해 볼이 날아가는 높이를 높여줄 필요가 있다.

폴 러니언

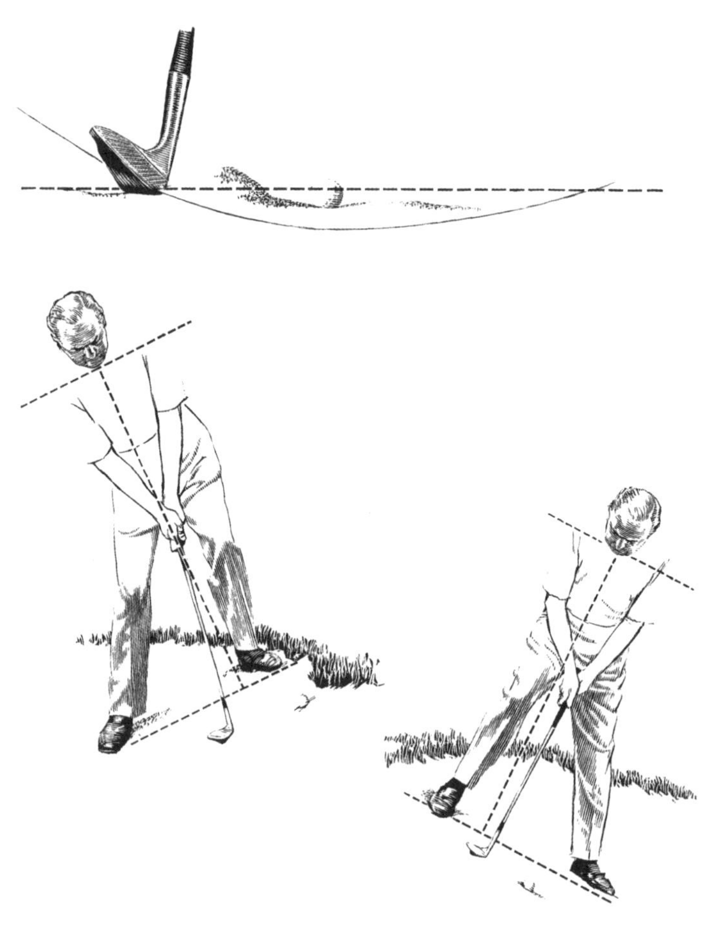

69 내리막 코스에서의 익스플로전 샷

볼이 놓인 위치에 따라 몸을 정렬하는 방법

다운힐 그린사이드 벙커 샷에서는 난감하지만 볼 뒤의 모래를 먼저 깎아 치거나, 클럽을 모래 지면에 폭파시키듯이 볼을 그린으로 탈출시키는 방법밖에 없다.(업힐 벙커 샷은 이보다 쉽다)

다운힐 벙커 샷을 칠 때는 셋업이 매우 중요하다. 먼저 볼이 놓인 위치에 몸을 정렬시킨다. 왼쪽 어깨는 오른쪽 어깨보다 낮게 둔다.(양발과 양어깨를 이은 선이 서로 평행해야 한다) 무게중심은 왼쪽 발 안쪽에 놓는다. 볼은 스탠스의 중간에 위치시키며 몸과 클럽페이스를 살짝 오픈한다.

백스윙에서 약간 더 빠르게 손목을 코킹하고 양손으로 재빨리 클럽을 올려준다. 다운스윙에서는 벙커 샷을 할 때와 같은 높이로 볼의 뒤편을 쳐준다. 그리고 클럽헤드를 오픈시키고 최대한 낮추어 경사로 아래쪽으로 팔로우 스루를 한다. 내가 한 일은 내리막 경사에 맞추어 어드레스 포지션을 바꾸고 클럽헤드의 아크를 바꿔준 것이다. 이것으로 볼이 평소보다 낮게 날아가 좀 더 잘 굴러갈 것이다.

• 익스플로전 샷Explosion shot: 블래스트 샷. 벙커에 들어간 공을 쳐낼 때, 바로 앞의 모래와 함께 폭발시키듯 공을 날리는 타법.

—톰 왓슨

70 잔디가 깊고 역결인 상황에서의 현명한 선택

높이 날리는 것이 때로는 최선이다

골퍼에게는 자존심을 버려야 할 때가 많이 있다. 러프에 공이 놓인 상황을 현명하게 순응해야 할 때가 바로 그렇다. 볼 너머 10야드 거리 너머가 가려서 보이지 않는 상황이라면 페어웨이를 향해 탈출하는 것도 고려하자. 볼을 스탠스 뒤편으로 위치시키고 다음 샷을 쉽게 공략할 수 있는 페어웨이를 찾아 목표로 삼자. 가파르게 스윙을 한 다음 페어웨이에서 평상시 쉬운 웨지 샷을 하는 것이다.

마크 오메라*Mark O' meara*

200 YDS.

71 수건으로 수련하기

쇼트 게임 연습하는 동안 사용할 타깃

페인 스튜어트 ^{Payne Stewart}는 반복해서 칩 샷을 연습하는 것을 정말이지 싫어했다. 그래서 지루한 칩샷 연습을 재미있게 하기 위해 수건 수련법을 가르쳐주었다. 수건을 적셔(달라붙어서 고정될 정도로) 볼에서 홀까지 3분의 2 되는 지점의 그린 위에 놓는다. 이제 칩샷을 해서 볼이 타월에 떨어지고 홀로 굴러가도록 한다. 이러한 연습법은 볼을 날려 땅에 떨어지자마자 굴러갈 수 있도록 하는 데 도움이 된다. 열에 아홉은 수건을 치고 홀 주위에 멈출 수 있도록 연습하자.

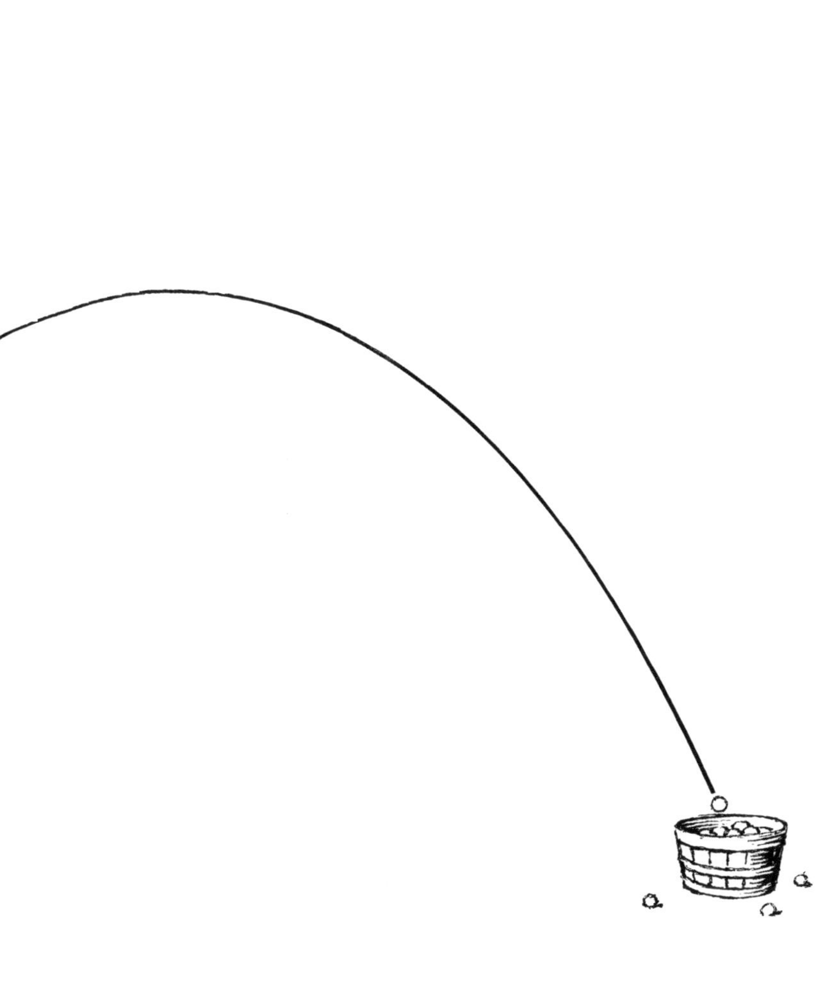

5. Putti
퍼팅

72 그린 읽기

무엇을 어떻게 보던 간에 문제는 볼 스피드다

슬로프와 마찬가지로 스피드도 퍼팅 라인에 영향을 미친다. 잔디가 젖었거나 길거나 오르막 지형이거나 짧은 거리이거나 하면 상당히 정확한 임팩트로 퍼팅 라인을 벗어나지 않도록 해주어야 한다. 표면이 매끄럽거나 슬로프 내에서 적당한 거리를 두었다면 볼이 좀 더 잘 휘거나 굴러가다 컵 안에 제대로 들어갈 수 있도록 속도를 낮추는 등 조심스러운 자세가 필요하다.

짐 플릭

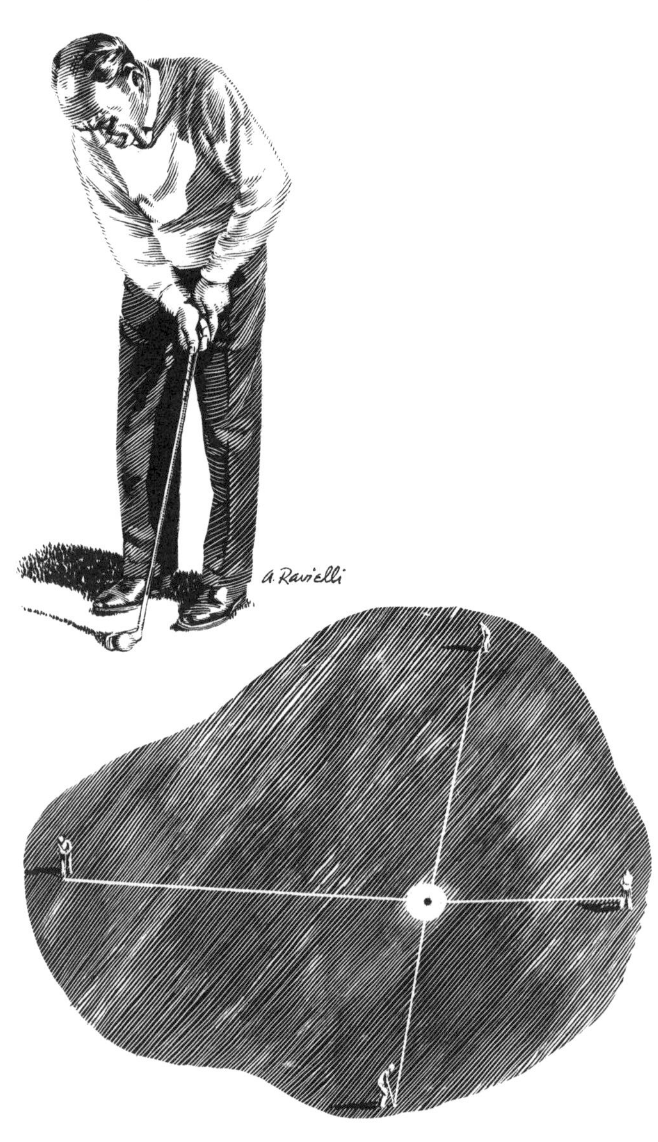a. Ravielli

73 그린 연습

쇼트 퍼팅 연습을 위해 홀 주변 원에서 연습하자

내가 좋아하는 연습법 하나는 바로 10개의 볼을 가지고 홀을 중심으로 3피트 거리를 시계 방향으로 둘러싸는 것이다. 이 10개의 볼로 치는 퍼팅은 각각 서로 다른 미묘한 차이가 있다. 재키 버크^{Jackie Burke}가 이 방법을 가르쳐주었는데 100번의 퍼팅을 연속으로 성공할 때까지 시켰다. 비록 일주일이 걸리긴 했지만 나는 결국 해냈다. 나는 100번의 퍼팅이 한 번에 성공시킬 때까지는 연습 그린을 떠나지 않을 작정이었다.

필 미켈슨

74 방향과 거리

훌륭한 퍼팅을 위한 두 가지 열쇠

홀을 향해 퍼트할 때에는 정확히 파악할 두 가지가 있다. 바로 거리와 방향이다. 이 두 가지를 한 번에 고려하려 하면 혼란스럽거나 둘 중 하나에만 지나치게 집중하게 되는 경우가 있다. 따라서 우선 볼을 감싸는 주변 지형을 읽으면서 방향에만 집중하자. 잔디의 방향이나 볼과 컵 사이의 경사를 살펴보자. 그리고 볼을 향해 걸어가기 시작하면서 마음의 스위치를 방향에서 거리로 바꿔주면 된다.

잭 니클라우스

75 경사도 파악하기

보다 많은 퍼팅을 성공시키는 방법

경사를 파악하고 그에 알맞은 스피드를 결정하는 능력은 전적으로 타고난 것이 아니며 그 능력은 많은 연습을 통해 스스로 개발하는 것이다. 그렇기에 퍼팅 연습의 주된 부분은 스트로크의 완벽한 구사가 아닌 경사와 스피드의 판단에 집중되어야 한다. 플레이어가 옳다고 생각하는 퍼팅 라인과 적당하다고 생각하는 스피드로 볼을 치는 것에 밤낮으로 집중하고 운에 맡겼을 때 그린의 라인이 이를 도와준다면 이윽고 자신의 퍼팅 실력이 엄청나게 향상되었음을 깨닫게 될 것이다.

바비 존스*Bobby Jones*

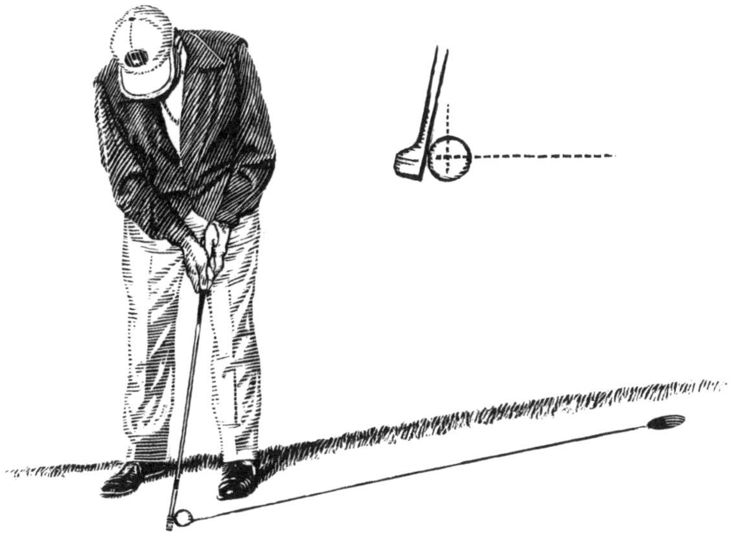

76 퍼팅 스트로크의 기본

왼팔과 왼손으로 동작을 제어하는 방법

우리는 퍼팅 스트로크를 할 때 진자운동처럼 하는 것을 좋아한다. 스트로크는 팔에 의해 구사된다. 이것은 왼손과 왼팔 두 면에 의해 조절되는 동작으로 오른팔은 살짝 클럽에 걸쳐 스트로크를 안정시킨다. 마치 하나의 지렛대를 사용하는 것처럼 생각하고 고정된 왼쪽 팔목을 중심으로 왼손과 왼팔로 라인을 유지해 스트로크를 하면 된다.

짐 플릭, 밥 토스키*Bob Toski*

77 퍼팅에 앞서

볼을 툭 치는 것처럼 자유로운 스트로크를 위한 셋업

무게중심은 살짝 오른쪽으로 기울여준다. 이렇게 하면 볼 뒤편에서 홀을 향해 조금 더 스트로크를 해준다는 느낌이 들게 된다. 무릎은 살짝 굽히고 무게가 발뒤꿈치와 볼 사이에 확실히 배분되도록 한다. 팔을 매단 채로 팔꿈치는 몸 가까이에 댄다. 이 자세는 스트로크를 할 때 실수를 줄여주는데 이는 팔꿈치가 공중에 떠서 흔들리는 느낌을 줄여주기 때문이다.

짐 플릭, 밥 토스키

78 퍼팅 스트로크

진자운동 동작을 반복하는 방법

나는 양팔로 퍼팅을 하는데 손목이 스트로크를 하는 동안 흔들리지 않아야 한다. 오직 유별나게 긴 퍼팅의 경우에만 팔목을 뒤쪽이나 앞으로 굽힌다. 나는 스윙을 하는 동안 퍼터헤드를 낮게 스트로크하는 특별한 조치는 취하지 않는다. 만약 그렇게 하려면 백스윙과 포워드스윙을 하는 동안 팔을 늘여주어야 한다. 이것이 진자운동을 방해해 스트로크에 부정확해지므로 볼을 제대로 치는 것이 더 어려워질 것이다.

톰 왓슨

79 빠른 그린에서 부정확한 임팩트 만들기

빠른 그린에서는 토toe로 퍼팅하자

나는 페스트 그린에서 실수를 방지하기 위해 약간의 트릭을 쓴다. 간단히 어드레스한 후 퍼터의 블레이드의 토 부분으로 퍼팅하는 것이다. 이것이 볼과 클럽의 임팩트를 방해한다. 이렇게 하면 퍼팅을 할 때 스트로크를 조절하거나 속도를 줄일 필요가 없어진다. 퍼터에 제대로 임팩트될 때보다 효과적으로 스트로크를 할 수 있다.

– 제리 페이트 Jerry Pate

80 쇼트 퍼팅

결과가 아닌 타깃에 집중하자

1미터 거리에서 일어나는 퍼팅의 실수 대부분은 마음에서 나온다는 것은 여러분도 이미 알고 있을 것이다. 하지만 여러분이 모르고 있는 것은 최대한 빨리 마음을 가라앉히고 생각을 정리해 마음속 조급함을 제거하는 방법이다. 가장 안 좋은 것은 결과에 대한 집착이다. 실수를 하면 어떻게 될까 혹은 제대로 해내면 점수를 얼마나 얻게 될까 하는 생각들이다. 욕심을 버리자. 결과에 대한 생각을 마음속에서 날려버리자.

하비 페닉Harvey Penick

81 롱 퍼팅

거리감을 위해 자유롭고 리드믹한 스트로크를 하자

홀에서 멀리 떨어질수록 방향보다는 거리가 더 중요한 요소가 된다. 따라서 방향에 대한 기술적인 부분은 무시해도 좋다. 롱 퍼팅에는 백스윙과 팔로우 스루 동작에 범위 제한이 없어야한다. 따라서 양손은 스트로크에 자유로운 스윙을 주기 위해 약간 더 굽혀도 된다. 그러나 손동작이 의도적이거나 긴장하면 안된다. 백스윙에서 손목이 자연스럽게 구부러지도록 놔두자.

헤일 어윈*Hale Irwin*

A. Ravielli

82 프린지에서의 퍼팅

그린 밖에서는 볼을 자신의 생각보다 강하게 치자

프린지에서는 퍼터로 볼을 좀 더 강하게 쳐준다. 그런데 얼마나 강하게 쳐야 할까? 이것이야말로 6만 4,000달러짜리 질문이다. 대부분의 주말 골퍼들은 충분히 강하게 쳐내지 못한다. 타격의 관점에서 문제가 있다면 바로 자신이 생각하는 것보다 더 강하게 쳐야 한다는 것이다. 자신의 퍼팅 스트로크에서 볼까지 더 가속시키고 팔로우 동작까지도 헤드를 유지하라.

톰 왓슨

83 버뮤다 잔디의 방향

거친 버뮤다 잔디에서 좀 더 정확하게 퍼팅하는 법

퍼팅을 하기 위해 잔디의 방향을 계산해야 할 때를 어떻게 아는가? 연습용 그린의 표면을 문질러보자. 어느 한 방향으로 밀었을 때 잔디가 서고 반대 방향에서는 가라앉는다면 상태가 거친 것이다. 홀의 가장자리를 살펴보아도 잔디의 상태를 체크할 수 있다. 잔디는 태양이 지는 방향으로 기울기 때문이다. 잔디가 거칠면 거칠수록 더 많이 역결과 순결을 고려해 스트로크를 해야 한다.

릭 스미스 *Rick Smith*

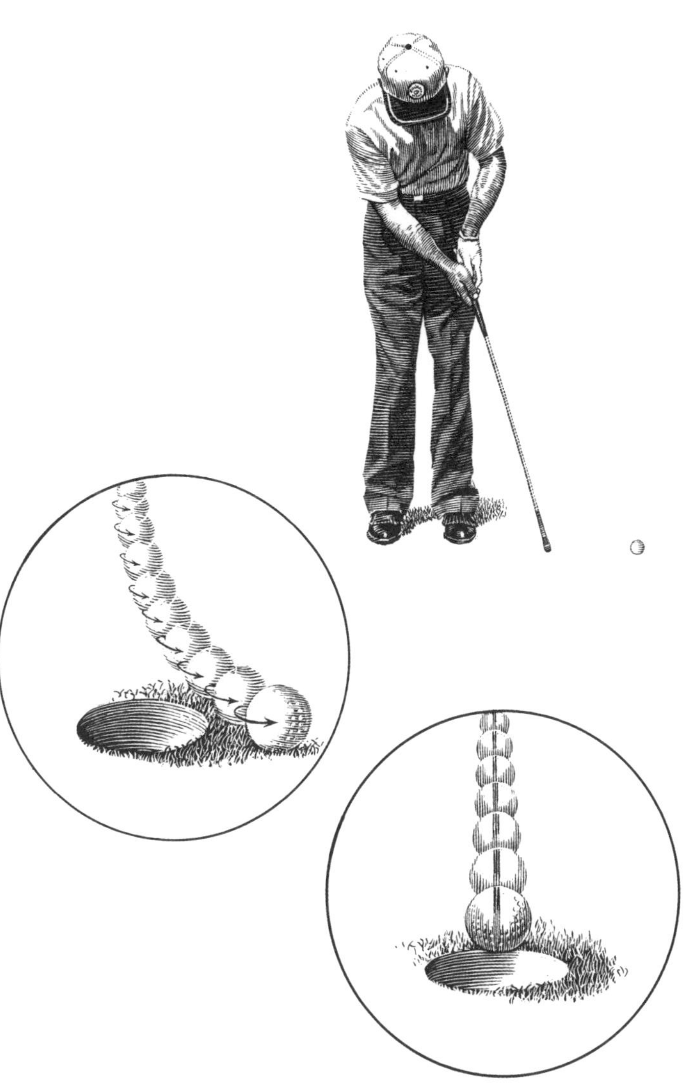

84 그린 너머까지 퍼팅 라인 잡기

그린 안쪽에서 밖으로 퍼팅 라인 잡는 방법

골프 그린의 공법은 진화했다. 그린에는 높고 낮은 굴곡과 가파른 경사가 있다 그 결과 오늘날의 퍼팅 스트로크는 부드러움과 거리 조절에 중점을 두게 되었는데, 그 이유는 아주 적은 노력으로도 볼을 상당한 거리로 보낼 수 있으며, 실제로 그린 밖에까지 나갈 가능성도 있기 때문이다.

대부분의 위대한 퍼터들은 예외 없이 볼 너머 혹은 볼을 투시해 목표를 향해 직접 바라보는 것을 목격하곤 했다. 이것이 바로 퍼팅 라인을 잡는 가장 좋은 방법이다.

스탠 어틀리

6. Sand

벙커 샷

Shots

85 프라이드 에그 라이*

가파르게 내리치는 다운 블로우 샷을 사용하자

클럽을 들어 좀 더 날카롭게 내리고 볼의 뒤편을 직접 가격한다. 이때 클럽페이스를 평소보다 약간 더 오픈시킨다. 움푹 들어간 지면의 가장자리를 노리는 것이 가장 좋은 방법이다. 볼이 돌아올 염려는 없으니 앞으로 굴리도록 하자.

샘 스니드

---

* 프라이드 에그 라이fried egg lie : 모래에 반쯤 묻힌 공.

86 베리드 라이

셋업을 조정하고 더 많이 굴러갈 수 있도록 하자

볼이 스탠스의 우측으로 오른발 뒤꿈치를 가리키는 정도로 위치시킨다. 평소보다 강하게 클럽을 잡는다. 파묻힌 볼과 스퀘어를 이루도록 클럽페이스를 놓는다. 왼쪽 어깨를 턱 밑까지 틀어준다. 이렇게 볼의 포지션에 따라 셋업을 조절하면 무리하게 손목을 사용하지 않고도 팔 전체로 클럽을 재빨리 쳐올릴 수 있게 된다. 이제 내려놓고 오른손으로 강하게 쳐낸다. 클럽은 예리한 각도로 모래를 파고들게 되므로 팔로우 스루는 짧아야 한다. 겉이 부드러운 벙커에서는 볼이 빨리 멈추게 되며 겉이 단단하면 클럽이 튀어 오르고 볼은 당연히 더 많이 나아가게 된다.

세베 바예스테로스

* 베리드 라이buried lie : 땅에 볼이 묻혀 있는 상태.

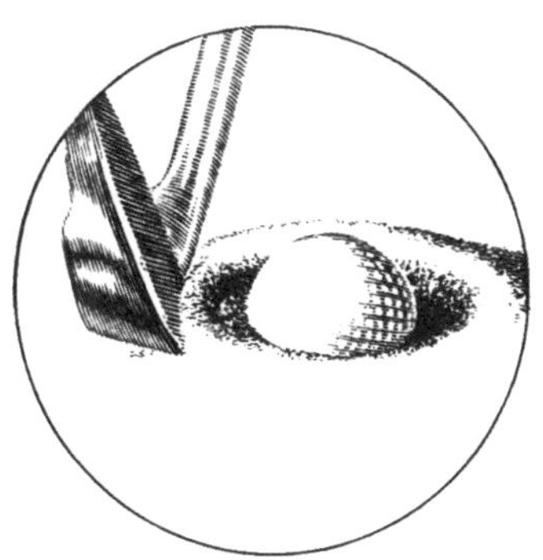

87 모래를 어느 정도로 쳐내야 할까

얇은 스윙으로 퍼내는 모래의 양을 줄이자

대부분의 플레이어는 벙커에서 문제를 겪는데 이는 정신적·육체적으로 잘못된 생각으로 접근하기 때문이다. 보통 익스플로전 샷을 하려고 하는데 이 때문에 너무 가파르게 다운스윙을 해 상당한 양의 모래를 쳐낸다. 그 결과, 필요 이상으로 강하게 스윙을 하게 되며 볼을 벙커에 남기거나 지나치게 멀리 보내버리곤 한다. 나는 벙커에서 볼을 보낼 때 클럽페이스를 오픈시켜 마치 사과껍질을 벗기듯이 볼을 슬라이스하는 것을 선호한다. 클럽페이스가 약간 오픈한 상태로 모래에 닿게 되면 클럽 바닥면의 플렌지 flange가 클럽을 튕기듯이 모래에 미끄러지도록 함으로써 쉽게 볼 밑으로 들어갈 수 있다.

바이런 넬슨

88 벙커 강타하기

최상의 결과를 위해 페이스를 오픈하고 왼편으로 스윙하자

많은 아마추어 골퍼들은 벙커의 150킬로그램의 모래와 볼을 한꺼번에 쳐내려는 강박관념을 가지고 있는 것 같다. 500그램이면 모르겠지만 150킬로그램이라면 너무 많다. 타깃 라인에 발을 오픈시켜 스탠스하고 양발이 이루는 라인에 따라 백스윙을 하자. 그리고 다운스윙을 하면서 임팩트까지 왼팔 팔뚝의 회전을 유지하자. 이렇게 하면 클럽페이스의 오픈이 유지된다. 왼편으로 클럽헤드를 스윙하면서 5센티미터가량 볼 뒤쪽을 강타하라. 이렇게 하면 스플래시 샷*도 익스플로전 샷도 아닌 노멀 샷을 칠 수 있다.

닉 팔도 *Nick Faldo*

---

* 스플래시 샷splash shot : 모래 벙커에서 공 아래쪽으로부터 세차게 치는 샷.

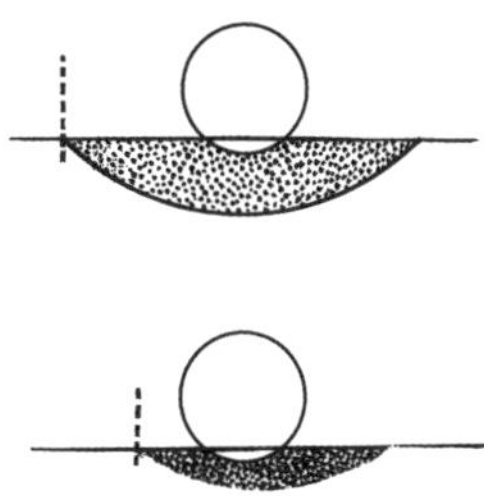

89 벙커에서 양발의 세팅

스윙을 확실히 지탱하려면 발로 모래를 견고하게 파고들자

모래가 부드럽거나 사각거린다면 제대로 발을 고정시킬 필요가 있다. 대부분의 플레이어들은 자신의 발을 모래 속에 충분할 정도로 파묻지 않는다. 그러고는 샷을 위해 클럽헤드를 밀다가 밸런스를 잃게 되어 제대로 된 샷을 치지 못한다. 따라서 잘 움직이지 않을 정도까지 발이 모래에 파고들어야 한다. 내 경우 부드러운 모래에서는 신발의 밑창이 잘 잠길 정도까지 모래에 파고든다.

톰 왓슨

90 오픈 스탠스

부드럽고도 높은 벙커 샷을 위해 양발의 라인에 맞추어 스윙하자

페어웨이에서 노멀 웨지 샷을 하는 것처럼 모래에서도 셋업을 한다. 클럽페이스가 아주 살짝만 보일 때까지 왼편으로 몸 전체를 틀어준다. 여기서 클럽페이스를 타깃에서 오른편으로 약간 기울여준다. 클럽페이스가 클로즈되면 너무 많은 모래를 쳐낼 우려가 있으므로, 클럽페이스를 살짝 오픈한 상태로 유지해 오른손으로 강력한 타격을 할 수 있도록 하자.

클라우드 하먼*Claude Harmon*

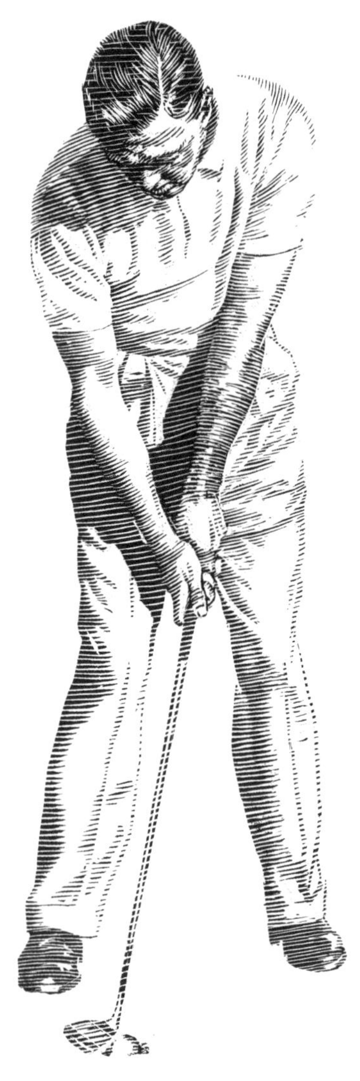

91 손을 뒤로 하기

벙커에서 변함없이 통하는 방법

나는 이 자유로운 벙커 샷을 1980년대 초 톰 퍼니스^{Tom Pernice}에게서 배웠는데 그 효과는 놀라웠다. 타깃과 직각으로 상당히 넓게 스탠스를 취한다. 그리고 거의 낮은 의자에 앉아 있는 것처럼 무릎을 굽혀준다. 이렇게 하면 좀 더 볼에 가깝게 된다. 척추를 구부리지 않고 꼿꼿이 세워준다. 손이 무릎 근처로 내려왔다면 바른 자세다. 타깃을 향해 약간 기울이고 샷을 하는 동안 그대로 유지한다.

이 셋업 방식은 벙커에서 볼의 5센티미터 뒤쪽 일정한 부분을 가격할 수 있도록 도와준다. 클럽페이스를 오픈시키고 손을 앞에 놓는 표준 방식과 달리, 나는 무게중심을 왼쪽에 기울이고 손은 볼 뒤편에 위치시킨 후 클럽페이스를 스퀘어로 놓는다. 이렇게 하면 로프트를 높여주고 샌드웨지 뒤편에 좀 더 많은 튕김을 준다. 따라서 클럽은 모래를 지나쳐 볼을 폭발시키듯이 쳐내는 것이다. 나는 손목을 재빨리 굽혀 매우 좁은 스윙을 한다. 팔로 넓고 강하게 스윙하는 대신, 손과 손목으로 빠르게 클럽헤드를 움직여준다. 넓은 스탠스와 왼편으로의 기울임이 무게중심의 역전을 막아 실패를 방지해준다.

스탠 어틀리

7. Othe

기타 팁들

92 잘못된 볼을 쳤을 때

다음 홀을 플레이하기 전 상황에 제대로 대처하는 방법

스트로크 플레이에서 이런 상황에 처했다면, 규칙 15조 3항이 절대적이다. 이 경우 해저드 안에서의 오구^{wrong ball} 플레이에 대한 페널티는 주지 않는다. 해저드 밖에서 오구 플레이를 했다면 2타의 페널티가 주어지고 나서 올바른 볼로 플레이를 해야 한다. 만약 오구로 홀 아웃을 한 상황에서 다음 티로 넘어가지 않았다면 오류를 수정해 다시 해야 한다. (혹은 아직 퍼팅 그린을 벗어나지 않았다면 바로 전이 홀에서 다시 해야 한다)

조 데이 *Joe Dey*

93 게임 플레이 vs. 연습

보다 효율적이고 효과적인 실전 연습 방법

연습은 매우 중요하다. 특히 토너먼트 플레이어에게는 그렇다. 하지만 소모적이고 비효율적인 연습도 있는 법이다. 난 여러분이 지치지 않을 정도로만 연습하길 권한다. 피로가 쌓인 상태에서 볼을 친다면 스스로에게 해가 될 뿐이다. 무엇보다도 연습이란 실수를 고치는 것이다. 실수가 어느 정도 고쳐졌다면 연습은 이제 실전과 비슷해져야 한다. 먼저 드라이버를 사용하고 그다음엔 아이언 혹은 드라이브를 사용하자. 페어웨이 우드를 사용하고선 아이언을 잡자. 이렇게 마치 홀을 플레이하는 것처럼 순서대로 연습하자.

하비 페닉

94 다리의 힘을 기르기

스윙의 진전을 위해 볼을 칠 필요는 없다

스윙을 할 때 상반신을 지탱하기 위해서는 강한 다리가 필요하다. 특히 대퇴부의 맨 앞쪽 근육이 중요하다. 물론 피트니스 머신을 사용해 기를 수도 있지만, 내가 선호하는 방법을 사용해 보자. 이것은 집에서도 하루에 몇 번씩 쉽게 운동할 수 있는 방법이다.

필요한 것이라곤 벽뿐이다. 마치 의자에 앉는 것처럼 벽에 등을 대고 앉아보자. 다리는 스탠스를 할 때의 너비로 놓고 벽에서 30센티미터 정도 떨어져 위치시킨다. 팔은 그냥 늘어뜨린다.

무릎을 굽혀 앉은 자세를 점점 낮추도록 하자. 처음부터 너무 낮추면 안 된다. 다시 일어날 수 있을 정도까지만 낮추도록 하자. 넓적다리가 저려오고 긴장이 느껴질 때까지 앉은 자세를 유지한다. 근육이 어느 정도 강해지고 숙달되면 반복 횟수와 시간을 늘리도록 하자. 강한 넓적다리는 볼 위편으로 머리를 고정시켜 단단히 집중할 수 있도록 해준다.

톰 왓슨

95 임팩트에서는 머리 풀어주기

밸런스와 타이밍이 완벽한 스윙을 만든다

좋은 스윙은 밸런스로 시작해서 밸런스로 끝난다. 따라서 균형 잡힌 자세에서 피니쉬를 하는 법을 배우면 스윙 전반에 도움이 될 것이다. 좋은 자세 중 하나는 등을 아치 모양으로 만들고 타깃으로부터 머리를 허리보다 더 멀리 떨어뜨려 살짝 'C'자를 거꾸로 한 자세를 만든다. 이 자세는 포워드스윙의 오른쪽 경로로 클럽을 떨어뜨려준다.

포워드스윙의 시작에는 점진적인 가속이 필요하다. 빨리 시작하거나 멈춘다고 생각하지 말고 임팩트까지 스피드를 만들어내자. 제대로 해냈다면 피니쉬 포지션에서 오른발을 지면에서 들어줄 수 있어야 한다.

마이크 맥게트릭

96 큰 근육 사용하기

스윙에서 파워를 만드는 방법

운동선수가 클럽을 휘두르고 야구 배트나 테니스 라켓을 휘두르며 심지어 카누 노를 젓던 간에, 최고의 운동선수는 손과 발을 조절할 때 각각의 작은 근육이 아닌 큰 근육을 사용하는 법이다. 여기서 큰 근육이란 다리와 몸통, 어깨의 근육을 말한다. 기본적으로 몸에서 파워가 만들어 손과 발로 전달할 수 있도록 큰 근육에서 작은 근육으로 발전시키자.

지미 발라드 *Jimmy Ballard*

97 페어웨이를 보다 큰 타깃으로

페어웨이의 한쪽을 노리고 그 중앙으로 볼을 보내자

자신이 티 박스^{tee box} 한가운데에 있고 12미터 너비의 페어웨이 한가운데를 노리고 있다면 볼이 6미터 이상 굽어 날아가서는 안 된다. 약간이라도 더 나갔다간 러프나 나무들 사이에서 볼을 발견하게 될 것이다. 하지만 티잉 그라운드^{teeing ground}의 오른편에 셋업하고 페어웨이의 왼쪽 모서리를 겨냥한다면 40야드까지 페이드 샷^{fade shot}을 하더라도 페어웨이에서 찾을 수 있게 된다. 실수 허용 범위를 2배로 늘릴 수 있는 확률 높은 샷을 구사할 수 있을 것이다.

톰 웨이스코프 *Tom Weiskopf*

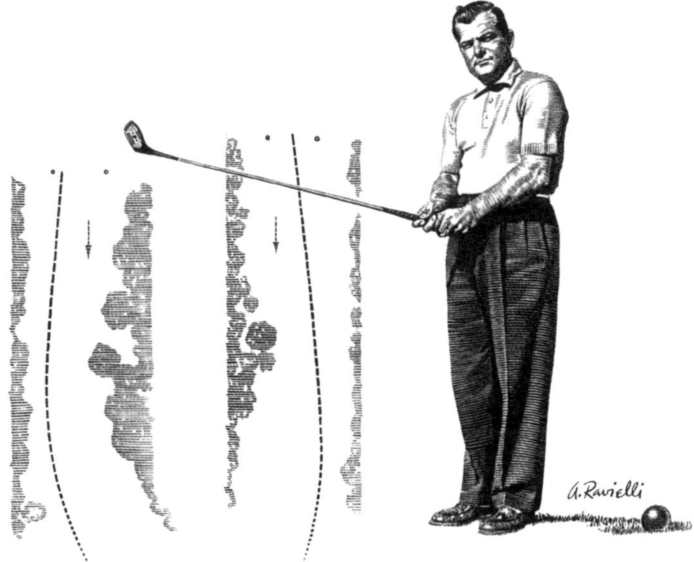

98 페이드로 셋업하려면

더 나은 컨트롤을 위해 왼쪽에서 오른쪽으로 치는 방법

왼쪽 혹은 시계 반대 방향으로 손을 틀어 그립을 쥐었다면, 급격하게 클럽을 들어 올리게 되며 심지어는 스윙 라인 밖으로 나가기도 한다. 그 결과 수직 스윙을 하게 될 것이다. 다운스윙을 할 때에는 타깃 라인 상에서 곧바로 아래로 볼을 가격하며, 손을 재빨리 풀어줘서는 안 된다. 이렇게 하면 볼을 페이드시킬 수 있다. 이 방법을 사용할 때는 평소의 스탠스와 셋업 자세를 취하자. 이 밖에 다른 조절 방법이 있다면 그것은 에임을 변경하는 것뿐이다.

마이크 수책*Mike Souchak*

99 생크 교정

필요한 것은 실수 없는 스윙을 습관화하는 것뿐이다

볼 바깥쪽 옆에 헤드커버를 놓고 8번 아이언으로 쳐보자. 타깃 라인 안쪽에서 다운스윙을 하고 타깃 라인에 맞추어 임팩트를 한 후 팔로우 스루에서 다시 타깃 라인 안쪽으로 오게 한다. 만약 볼을 치기 전에 헤드커버를 가격하게 된다면 아직도 타깃 라인 바깥쪽에서 어프로치하고 있는 것이다. 이것이 전형적인 생크의 특징이다.

릭 스미스

---

* 생크shanks : 골프채의 뒤축으로 치는 강한 우측 방향의 타구.

100 정신의 집중

샷을 상상하고 느낀 후 그대로 실행하자

골프에서 이미지 트레이닝은 눈에서 시작한다. 먼저 볼을 보고 샷으로 보내고 싶은 위치를 바라보자. 그리고 샷을 치기 위한 다양한 방법들을 마음속에 나열해보자. 타깃에 도달하는 가장 좋은 공략법과 이를 위한 비구선의 높이를 머릿속에 그려본다. 마지막으로 치고자 하는 샷을 위한 스윙은 어떤 느낌이어야 하는지를 상상으로 느껴보는 것이다.

호튼 스미스 *Horton Smith*

싱글로 가는 골프 클래식 100

| 펴낸날 | 초판 1쇄 2009년 6월 26일 |
| | 초판 2쇄 2009년 10월 16일 |

지은이 **크리스토퍼 오베츠**
그린이 **앤서니 라비엘리**
옮긴이 **설정덕**
펴낸이 **심만수**
펴낸곳 **(주)살림출판사**
출판등록 **1989년 11월 1일 제9-210호**

경기도 파주시 교하읍 문발리 파주출판도시 522-1
전화 **031)955-1350** 팩스 **031)955-1355**
기획·편집 **031)955-1384**
http://www.sallimbooks.com
book@sallimbooks.com

ISBN 978-89-522-1183-5 13690

＊값은 뒤표지에 있습니다.
＊잘못 만들어진 책은 구입하신 서점에서 바꾸어 드립니다.

책임편집 **김형필**